# ALMA E POLÍTICA

Nilton Bonder

# ALMA E POLÍTICA

Um regime para seu partidarismo

Copyright © 2018 by Nilton Bonder

Direitos desta edição reservados à
EDITORA ROCCO LTDA.
Av. Presidente Wilson, 231 – 8º andar
20030-021 – Rio de Janeiro – RJ
Tel.: (21) 3525-2000 – Fax: (21) 3525-2001
rocco@rocco.com.br
www.rocco.com.br

*Printed in Brazil*/Impresso no Brasil

Preparação de originais
NATALIE DE ARAÚJO LIMA

CIP-Brasil. Catalogação na fonte.
Sindicato Nacional dos Editores de Livros, RJ.

B694a   Bonder, Nilton
Alma e política: um regime para seu partidarismo /
Nilton Bonder. – Primeira edição – Rio de Janeiro:
Rocco, 2018.

ISBN 978-85-325-3112-4 (brochura)
ISBN 978-85-8122-739-9 (e-book)

1. Ciência política – Filosofia. I. Título.

|  | CDD–320.1 |
|---|---|
| 18-47723 | CDU–321.01 |

Meri Gleice Rodrigues de Souza – Bibliotecária CRB-7/6439

# SUMÁRIO

## 1 – A ALMA COMO PADRÃO EXISTENCIAL – A IDENTIDADE CEREBRAL • 7

*Modus operandi* – Republicano ou Democrata
(direita ou esquerda) ........................................................ 9
*Default* Natural da Alma – DNA ........................................ 16

## 2 – TIPOS DE ALMA • 21

Ectoplasma – Vestígios etéreos das distintas almas ............... 33
Exposições Kirlian – A aura de cada um ............................. 47
A Alma e o pós-vida – Padrões estabelecidos
por expectativa e reencarnações ..................................... 58
O Mundo Vindouro (*Olam Haba*) ...................................... 62
O incrível universo do pensar e seus três mundos ............... 65

## 3 – ALMA E POLÍTICA • 73

Pensar e política – Efeito estocástico ................................. 78
Pensar e julgamento – Aspecto evolutivo ........................... 81
O lugar da Alma – O tripé do pensamento ........................ 89

## 4 – HISTÓRICO DA ALMA • 109

A primeira Alma – O primeiro outro .................................. 111
A primeira inclinação – Disfunções da Alma ..................... 118
O espelho final – A negação (A Alma num corpo político). 123

## 5 – REGIMES AO PARTIDARISMO • 127

Contradizendo a si mesmo – Uma *ajuda-contra-si* ................ 129
Medos e negações – Republicanos e Democratas .............. 134
Desarmando medos – Plasticidade ...................................... 141
Desarmando negações – Reversibilidade ............................ 151
(Q)(D)ualidade – O design simples ...................................... 156

## 6 – REGIME REPUBLICANO E REGIME DEMOCRATA • 163

## 7 – A DERRADEIRA CONSCIÊNCIA – OS HEMISFÉRIOS DA ALMA • 177

Saber que "não sabe" (Hemisfério Esquerdo-Anímico) /
Não saber que "não sabe" (Hemisfério Direito-Divino)... 179

Epílogo ....................................................................... 187

# 1

## A ALMA COMO PADRÃO EXISTENCIAL – A IDENTIDADE CEREBRAL

## *MODUS OPERANDI* – REPUBLICANO OU DEMOCRATA (DIREITA OU ESQUERDA)

A sabedoria é a arte da contemplação e seu objetivo é conceber mapas da realidade. Desde os primórdios da consciência, essa arte se deparou com um grande obstáculo: o aparato de compreensão humano possuía dois *modi operandi* distintos para julgar e presumir. Tal diferença perceptiva no processo de análise entre indivíduos motivou a criação de maneiras de arbitrar. Seja pela reflexão, com o uso de teses e antíteses, pelo estudo em duplas ou pelo uso de júris coletivos na tomada de decisões, a pluralidade de opiniões se mostra um importante recurso para o mapeamento da realidade. Mas, na prática, apesar de o ditado "cada cabeça uma sentença" ainda valer, a opinião do mundo se divide basicamente entre duas grandes tendências: os Republicanos e os Democratas. Vamos utilizar esses termos porque são de compreensão geral, mas a tradição sapiencial judaica denomina essas características de personalidades *machmir*, o agravador, que torna tudo mais grave e intransigente, e o *mekil*, o que torna mais leve e que tende a ser mais brando e flexível.

Poderíamos defini-los por adjetivos tais como: conservadores/liberais, rigorosos/lenientes, intransigentes/complacentes ou severos/tolerantes. No entanto, os adjetivos apenas retratam características desses dois grupos básicos da humanidade. Por isso, os termos "Republicanos" e "Democratas" parecem mais abrangentes, já que são substantivos e denotam personalidades e estilos de vida. A tentativa de propor verbos como os termos hebraicos talvez seja ainda melhor do que reconhecer esses grupos por substantivos, já que os verbos designam ações: sempre que agimos, sempre que somos convocados a eleger algo e fazer, de imediato se apresentam dois padrões genéricos que regem todas as intervenções humanas no mundo.

Qualquer ser humano tende constantemente a um desses dois polos como movimento natural de seu ser e da essência que o define e que o acompanha por toda a existência. Daí tratarmos essa tendência genérica pelo termo "Alma", como um marcador definitivo tanto em nosso pensamento como em nosso julgamento. A Alma seria o *default* que se configura em dado momento e que nos acompanha pela vida, por toda a nossa encarnação.

Tal proposta sugere que não podemos modificar o núcleo de nossa essência e que, a partir do momento em que somos capturados por uma definição de "Alma", esta se cristaliza como uma identidade permanente. Assim se postula que, a partir dessa identidade, podemos tão somente gerir a Alma para conseguir provocar, mediante esforço considerável, modificações pontuais e parciais em nosso comportamento. No entanto, sua marca é definitiva. Trata-se de uma formatação constitucional da cognição humana que não pode ser alterada de forma absoluta. Uma vez Democrata, sempre Democrata; uma vez Republicano, sempre Republicano. Sim, indivíduos podem realizar grandes mudanças em suas vidas, revertendo tendências e apoiando causas ou ideias liberais ou conservadores, mas suas almas para sempre penderão para seu *default* básico. Terão que se esforçar a fim de conseguir realizar tais movimentos, e, mesmo assim, na maioria das vezes, suas novas escolhas ou olhares serão apenas estratégicos, incapazes de alterar a motivação inicial, seja na opção liberal que nasce de sentimento conservador ou vice-versa.

Esses dois grupos estão sempre buscando identificar um ao outro com a intenção de promover associações naturais ou estranhamentos mútuos. Não é raro que o primeiro julgamento que façamos sobre o outro seja justamente rotulá-lo como de direita ou de esquerda, visando estabelecer um paradigma central que o defina. Uma vez detectado a que "time" a pessoa pertence, aí é possível fazer ilações sobre suas subjetividades. Essa classificação é quase que um resquício animal transferido à esfera do pensamento e serve para agrupar ou excluir o outro de nosso bando ou espécie. Confianças e desconfianças sutis se configuram a partir dessa identificação. Quem de nós não se recorda de situações onde um mínimo detalhe gestual delata o momento em que o outro identifica em nós nossa característica anímica (de Alma), causando imediata empatia ou antipatia? O gestual, portanto, revela se esse é um dos meus ou não: se é um *Homo sapiens* (um pensante como eu) ou um *Hetero sapiens* (um pensante distinto de mim). Ou seja, se trabalha a partir de uma mesma doutrina ou não.

O que foi concebido de forma contemplativa e empírica pelas sapiências tem, em nossos dias, confirmação científica através da descoberta de dois hemisférios em nosso cérebro, o direito e o esquerdo. Se repararmos nas características desses dois hemisférios, podemos identificar claramente um lócus Republicano e um lócus Democrata, fisiologicamente representados. O hemisfério esquerdo, Republicano, trabalha com relações lógicas e unidades limitadas pelo tempo. Trata uma coisa de cada vez e se mostra mais teimoso e persistente no esforço de acabar o que começou. Já o hemisfério direito, Democrata, trabalha simultaneamente com várias unidades e faz mais uso da coerência do espaço que do tempo. É mais flexível na mudança de planos e na tentativa de resolver problemas e também contrapõe a seus pensamentos as experiências vividas, indo para além do sentido linguístico dos enunciados de problemas.

Esses dois eixos pivotantes do juízo humano em algum momento precisam entrar numa relação funcional a fim de estabelecer os tipos de alma nas quais se distribuem todos os seres humanos. Tais relações serão ou de equilíbrio em mútua compensação, ou estabelecerão uma hierarquia capaz de fazer com que um deles se sobreponha ao outro. No caso do surgimento de uma hierarquia nessa dualidade, isso determinará se somos Democratas ou Republicanos – se o hemisfério esquerdo se apresentar como dominante, nos faremos mais Republicanos; se, ao contrário, o direito for dominante, nos faremos mais Democratas. Capaz de estabelecer a relação dos dois hemisférios, esse processo determina um padrão existencial, ou como estamos tratando: um tipo anímico (de Alma) específico para cada indivíduo.

A motivação ambiciosa deste livro é dupla: 1) identificar, por meio da sapiência contemplativa milenar das tradições, os diversos tipos de almas ou padrões operativos dos indivíduos; e 2) propor estratégias para mediar essas tendências que nos fazem olhar o mundo de forma partidária e sectária na tentativa de permitir um encontro mais verdadeiro com a realidade. Na primeira parte, tentaremos explicar possíveis formas de relacionamento entre os hemisférios e sub-hemisférios e como eles influenciam os processos mentais através dos quais se formata a Alma de um indivíduo. Buscaremos assim definir padrões para que você possa identificar o seu tipo anímico. Na segunda parte, falaremos sobre como a tradição sapiencial recomenda artifícios para que se possa melhor manejar o seu padrão operativo – sua Alma – diante da realidade. Isso porque a vida não se pauta por essa dualidade conservadora-liberal e os filtros de nosso pensamento precisam ser corrigidos para que não venhamos a estabelecer uma relação facciosa com ela, e sim real. Trataremos da importância de saber sair das virtualidades do partidarismo abandonando o espaço tendencioso em busca do real.

São nossas almas que mediam entre nós e a vida e são elas que nos fazem desvirtuar a realidade para que se encaixe em nossos padrões e narrativas. O ser humano, por conta do pensamento (do tipo anímico), estabelece filtros que o distanciam de um verdadeiro encontro com a realidade. A subjetividade do Republicano ou do Democrata que nos habita acaba por nos incapacitar e desqualificar como árbitros imparciais para mediar entre o pensamento e a vida. E, uma vez que o pensamento é um caminho definitivo – não há volta à irracionalidade –, faz-se necessário conhecer a própria Alma para auditá-la e corrigi-la de modo a reencontrar a realidade. Só um indivíduo que conhece seu tipo anímico pode coibir a corrupção constante de seu juízo, convertendo as imagens adulteradas da realidade que seu partidarismo propicia. Assim como o cérebro aprendeu a inverter a imagem projetada dos objetos pela retina, temos que nos capacitar a reverter ou calibrar nosso partidarismo/proselitismo para nos aproximarmos do que é real.

É nesta segunda parte que apresentaremos uma dieta para pensamentos com a intenção de corrigir suas distorções. Manter a forma e a saúde do pensamento exige o autoconhecimento de sua Alma e de suas predileções. Essas inclinações, se desleixadas, podem produzir graves consequências que vão desde a obesidade reflexiva – o excesso de propensão a certos padrões, gerando predisposições e preconceitos – até a anorexia reflexiva – a insuficiência e inanição de suas características anímicas básicas, gerando ausência de paixão, desinteresse e depressão. A arbitrariedade ou a apatia (indiferença) são as maiores patologias do pensamento. O fato de que sua Alma tem um time ou um partido e que torcerá por ele a vida toda não significa estarmos impossibilitados de interagir com isenção ou lucidez. Mas isso demandará regimentos e abstinências.

## *DEFAULT* NATURAL DA ALMA – DNA

É importante esclarecer que sigo a definição de Alma apresentada pela tradição chassídica, que a compreende a partir de dois aspectos: uma Alma Divina e uma Alma Animal (anímica). A Alma Divina seria um vínculo humano com qualidades superiores, uma intercessão humana na esfera divina. Essa Alma é como uma fagulha eterna, sendo capaz, a cada momento, de reacender novas "velas" e gerar visões internas antes obscuras (*insights*), promovendo a capacidade do ser humano sair de um estado de pequenez para um estado de grandeza. Esta Alma é imaculável e jamais se conspurca seja por hábitos, paixões ou crenças pessoais.

Já a outra Alma, a animal (anímica), que é o objeto deste livro e a qual, doravante, trataremos simplesmente por Alma, essa é totalmente passional e tendenciosa e, como tudo o que é animal, desenvolve condicionamentos. Identificar a Alma anímica é reconhecer reflexos e comportamentos que podem permitir sair do estado instintivo para um possível estado de livre-arbítrio. O livre-arbítrio permitiria romper com o padrão animal e, em muitas tradições espirituais, se traduz em práticas que visam revelar um traço divino presente em nossa humanidade.

Alma anímica é, portanto, a consolidação de algumas características basilares que ocorrem na primeira idade e nas primeiras compreensões da realidade. Refere-se a um conjunto de experiências que se somam para determinar convicções que, por sua vez, se cristalizam como fundamentos de um indivíduo. Vivências produzem fundamentos e fundamentos se agrupam para formar um *default*, um *modus operandi* de uma pessoa, ou o seu tipo anímico. Como o Talmude descreve: "Presta atenção em teus pensamentos, pois eles se tornarão palavras. Presta atenção em tuas palavras, pois elas se tornarão atos. Presta atenção em teus atos, pois eles se tornarão hábitos. Presta atenção em teus hábitos, pois eles se tornarão o teu caráter. Presta atenção em teu caráter, pois ele se tornará teu destino."

Esse caráter-destino é composto por chaves ou fundamentos que determinam o nosso tipo de Alma. Ele se dá pela interação de quatro referências-chaves, as quais se tornam corolárias de quatro distintos mundos: 1) o físico; 2) o emocional; 3) o intelectual; e 4) o existencial.

Essas "metaconclusões" acerca da realidade nos acompanharão por toda a vida, e, se quisermos alterá-las, teremos que exercer esforço constante, pois a tendência natural será a de revisitar recorrentemente as conclusões das quais somos reféns. Na psicanálise, elas são tratadas a partir das relações mais substanciais da vida, seja o afeto com a mãe e o pai, a relação com a sexualidade ou o sofrimento diante da dor ou do perigo. Quando se busca uma terapia, deseja-se alterar nossa relação no presente com essas vivências passadas, modificando compreensões que ficaram entranhadas em nossa personalidade. As terapias são os recursos mais eficazes que temos para intervir em nossa Alma. No entanto, com toda a sua importância, logra apenas modificar a gestão da relação entre nós e a vida, não alterando o nosso tipo anímico. Seu sucesso está em estabelecer uma relação mais integrada sobre o sujeito que age compulsivamente, condicionadamente, e o sujeito que pode arbitrar e fazer escolhas que impactam a vida.

Ao conhecermos melhor nosso tipo anímico e como ele impacta a percepção da realidade, podemos fazer correções e aparas em nossas vivências. O ponto inicial do olhar, no entanto, não se modifica. Não é raro para aqueles que, por meio de muita análise, alcançam a capacidade de auditar sua consciência, pegar-se rindo ao perceber que sua experiência de pensar começa invariavelmente no vício de si mesmo. Como *pop-ups* do sistema de pensamento que utilizamos, esse vício tem que ser bloqueado. Mas o fato é que não conseguimos nos antecipar a ele. Ele circula no sistema operacional de que dispomos.

De condicionamentos iniciais, esses *pop-ups* se transformam no nosso "time", na "camisa que vestimos", ou seja, na aposta fundamental de nossa identidade. Nenhum ser humano é esse personagem, mas ele faz disso uma máscara por toda uma encarnação. Provavelmente a pessoa que chamamos por nosso nome é essa figura dramática do torcedor de um time, o meu, o de mim mesmo. Abandonar este eixo mais básico da individualidade coloca em risco nossa própria consciência. Por isso iremos, via de regra, capitular e reincidir em nosso olhar basilar em relação ao mundo. As análises terapêuticas e intelectuais, assim como os ensinamentos espirituais, podem nos fornecer instrumentos para conhecer esse vício a fim de tentar compensá-lo, o que nos aproxima mais da vida e da realidade. Mas ele estará lá, tal como impressões digitais da Alma, apontando o tipo anímico a que você pertence. E seja lá por que você acabou recebendo esse rótulo de fabricação, entre elementos genéticos, ambientais ou circunstanciais, esse é o seu número de série, sua cédula de identidade e de reconhecimento de si em meio a tudo mais que existe. Se não tiver essa tendência, esse olhar, não sou eu. Algo pode ser o certo, pode ser o exato, mas, sem a minha inclinação, não me representa. E um senso de inautenticidade e adulteração tomará conta porque pode até ser o mundo, mas não será você.

Assim, torno-me incapaz de trocar o que penso pela verdade. É claro que será necessário aprender a lidar com a verdade, porque ela se impõe. Por experiência, vou descobrindo que não lhe dar atenção tem um custo enorme. Mas estarei sempre negociando, tentando pervertê-la a fim de contemplar o meu olhar, o encontro entre o mundo e a minha individualidade. Por estranho que pareça, sacrificarei a precisão e também a retidão para garantir a presença do meu olhar, por mais transversal e forçado que seja.

A definição do tipo anímico como algo imutável não é uma sujeição ou uma resignação, mas um instrumento para destacar sua constante influência em nossa percepção, permitindo intervir nos desvios e disparates que nosso olhar original produz. Só quando sabemos do nosso desencaminhamento e sinuosidade podemos nos fazer peritos em auditar nosso próprio pensamento. Sempre, e mesmo sendo apenas num segundo momento, temos a condição de remendar e recompor nosso olhar. Conhecer seu tipo anímico é essencial para poder calibrar sua pessoa. Quando o Republicano (o *machmir*, o rigoroso) ou o Democrata (o *mekil*, o leniente) conhece seu tipo anímico, então pode retificar a si mesmo.

Há um conto chassídico sobre um mestre que, ao observar um equilibrista na corda bamba, comentou: "Não há segredo para se obter o equilíbrio senão o de que, toda vez que se tombar para a direita, será preciso tentar compensar, pendendo para a esquerda." Assim também é com nosso caminhar pela vida em busca de equilíbrio; temos que conhecer para onde pendemos, e assim poderemos constantemente realinhar nosso ser. Só conhecendo nossa "inclinação" podemos efetuar os ajustes necessários à nossa vida. Para a tradição judaica, a "Inclinação ao Mal" (o *Yetser Hara*) nada mais é do que a tendência preconceituosa que nos impele numa certa direção. O "mal" não é o caminho em si, mas a fixação em um determinado olhar, algo que nos precipita antes de qualquer apreciação. Esse impulso nos retira a capacidade de julgar e reconhecê-lo oferece a oportunidade de reconhecer que não somos imparciais.

# 2

# TIPOS DE ALMA

O olhar que buscamos aqui é inspirado no *Tanya*, obra-prima da tradição chassídica. Escrito em 1797 por Schneur Zalman de Liadi, o Alter Rebbe ("o mais velho rabino"), fundador do movimento Lubavitch, esse clássico traz uma importante contribuição para tipificar comportamentos e esboçar uma "classificação de almas". Segundo o *Tanya*, existem três tipos de condutas que se padronizam em nossas ações: o *tsadik* (o justo); o *rasha* (o perverso ou injusto); e o *beinoni* (o intermediário que tenta ser justo). Por justo ou injusto não se entenda "bom ou mau", mas sim aquele que "não tem inclinações" e aquele que é "subjugado por suas inclinações", respectivamente. Justo é a plena capacitação de ajuizar sem ser tendencioso e Perverso representa aquele para quem a inclinação se torna um decreto.

O *tsadik* – o plenamente justo – manifesta um atributo qualitativo e não apenas comportamental. Ou seja, não se trata daquele que, em suas condutas, mais acerta do que erra, mas de alguém que, no nível mais profundo, domestica seus demônios, minimizando sua inclinação inconsciente (sua libido) em direção à parcialidade. Para o *tsadik* ficam anulados a fascinação pela inclinação, que todos temos, e o prazer que sentimos por vestir camisas e assumir partidos. Seu desdém por tomar partido não é de natureza fanática ou apaixonada, mas é aquietado e existencial.

O *rasha*, o plenamente injusto, é totalmente faccioso e incapaz de ponderar suas inclinações. Sua conduta é percebida como uma forma de bullying, já que o fato de estar influenciado por uma inclinação implica recorrentes atos de violência física e psicológica. Nesse tipo, estão incluídas todas as formas de psicopatias e também as psicoses que representam a perda de contato com a realidade – resultado final de se trilhar um caminho a partir de uma predisposição.

O *beinoni*, o intermediário, representa o estágio entre o *tsadik* e o *rasha*, em que, mediante esforço, se consegue evitar agir com parcialidade, apesar de não ser possível se livrar do sentimento de parcialidade. Esse sentimento o incita recorrentemente a atuar como um *rasha*, como um partidário. O *beinoni*, porém, através do discernimento, da espiritualidade e da meditação, consegue resistir e funcionar momentaneamente como um justo.

Essa tipificação nos ajuda a entender o campo de atuação de nossa consciência e de nossa humanidade. O *rasha* é o modo automático animal, resquício de nossa natureza ancestral agravada pela existência da consciência. Um animal produz estratégias de sobrevivência que estão sempre associadas ao interesse pessoal de preservação de seu indivíduo. Porém o "pessoal", na percepção animal, não se restringe apenas a seu ser, mas abrange toda a espécie, manifestando-se por instintos coletivos e pela função reprodutiva. Quando um animal cuida de si está simultaneamente cuidando de todos. O *rasha*, ao dispor de uma consciência capaz de construir um sujeito, uma noção de si mesmo, acaba por se fazer um ser privado mais ávido, calculista e mercantil. Sua ação não se dá mais no campo da sobrevivência, mas do poder; seu objeto não é mais o sustento, mas o predomínio e o privilégio. A competição nas disputas animais ganham assim novas características, as quais promovem antagonismos e desejos de supremacias, diretamente nutridos por nossas inclinações. Fica possível então sair do campo do predador para o da barbárie, do brutal para o ignorante.

Já o *tsadik* responde pela parte de nós que, justamente por ter uma noção de sujeito, pode olhar o mundo para fora de si. Esse é o potencial incrível de nossa qualidade humana, sendo o reverso do movimento autômato animal. O ser humano pode desistir de si sem se trair e a seu coletivo. Muito pelo contrário, pode transcender sua condição animal e suspender seus interesses particulares através do discernimento ético, evitando as arbitrariedades que estamos sempre propensos a realizar. Pode assim aventurar-se desde o terreno restrito dos sentidos para o do livre-arbítrio; pode deixar de reagir e se fazer realmente protagonista. O *tsadik* representa o aspecto utópico da condição humana que se realiza não no encontro com o "eu", mas com o "outro". Nosso caminho evolutivo foi do "eu-isso" (relações mercantis do *rasha*) para o "eu-tu" (relações de civilidade do *beinoni*) em direção ao "eu-eu" onde o "outro" é parte integral de mim (relações transpessoais do *tsadik*). O *tsadik* pode ser percebido como uma conduta absurda ao *rasha* ou como estranha ao *beinoni*, exatamente porque deseja transcender sua psique pessoal, conectando-se ao Todo ou à realidade de forma integral.

O *beinoni*, por sua vez, não consegue se identificar plenamente nem com o *rasha* nem com o *tsadik*, um representando para ele o perverso e o outro, o tolo, respectivamente. "Perverso" porque é vil em sua relação com o outro; e "tolo" em sua relação ingênua para com o outro. Para ele, o importante são "valores", algum tipo de estrutura fixa (real) que lhe dê a certeza de que está longe de seus instintos animais, mas sem abandonar o solo firme da "realidade" – desde que esta atenda a seu próprio interesse e a forma contaminada de seu olhar para o mundo. E assim o *beinoni* recorre a estruturas morais que favoreçam escapar de seus instintos animais. É nessa escolha de plataformas de conduta que o *beinoni* se divide em dois grupos: os Democratas e os Republicanos. Estes dois grupos substituem o "eu" por uma escala de valores. Essa escala tem que estar intimamente relacionada com a percepção que têm de si, razão pela qual defenderão sua bandeira, sentindo que preservam sua própria identidade. A denominação do *beinoni* como um intermediário, "o do meio", reflete o desejo de balancear e encontrar uma mediatriz para a vida, quando a vida (têm razão o *rasha* e o *tsadik*!) surpreendentemente não acontece no regular ou no razoável. A vida é um movimento que pode ter até uma mediana, mas ela é sempre construída de variações e diversidades. Não há metades na realidade. O "justo" buscado pelo *beinoni* representa um equilíbrio com uma precisão artificial que muitas vezes termina no medíocre. O *beinoni* não é um protagonista pleno porque é um partidário, sempre trabalhando sobre uma plataforma que lhe é inerente. O *beinoni* tem simpatia – antígeno – seja pelo lado mais estrito ou pelo mais leniente e desenvolve aversões – anticorpos – ao que lhe é estranho. Dessa forma, constrói um sistema autoimune em seus pensamentos, que acorrerão em simpatia ou aversão assim que um pensamento estranho for detectado em seu sistema.

Para apontarmos os distintos tipos de Alma, vamos fazer uma analogia com os diversos tipos sanguíneos. Esse jogo metafórico, utilizando os símbolos do tipo sanguíneo, será apenas um parâmetro para esta classificação poética das diferentes Almas. Obviamente, não há nenhuma relação lógica ou científica, mas uma maneira de conjugar percepções psíquicas ao curioso fato de que nossa espécie traz em si diferentes protótipos medulares de nosso tipo sanguíneo. Eles provavelmente foram constituídos por distintos caminhos evolutivos. Da mesma forma, nossa psique também se configurou na exposição a diferentes experiências em estágios mais sensíveis de nossa formação.

Essa classificação segue o modelo de condutas do *tsadik*, *rasha* e *beinoni* como análogo à estrutura básica do sistema ABO sanguíneo. Utilizaremos as letras D (Democrata) e R

(Republicano) para apresentar as duas plataformas matrizes de valores que, como vimos, acompanham os hemisférios cerebrais: D, o hemisfério Direito criativo e leniente; R, o hemisfério Esquerdo analítico e rigoroso.

A alma de tipo D (Democrata) tem antígeno ou uma inclinação do tipo "D" e desenvolve e produz anticorpos do tipo "R" (Republicano). Sua simpatia pela leniência e poesia gera aversão à intransigência e ao preciosismo. Já o tipo R (Republicano) tem antígeno ou uma inclinação do tipo "R" e desenvolve e produz anticorpos do tipo "D" (Democrata). Sua simpatia pelo rigor e pela coerência gera aversão à flexibilidade e às intuições. Toda vez que um tipo D ficar exposto a ideias ou opiniões do tipo R, haverá rejeição automática e natural às mesmas e vice-versa. Esses dois grupos "D" e "R" respondem pelo *beinoni*, pelo intermediário, que busca plataformas de valores para suas decisões e para sua ética.

O tipo DR tem simpatias tanto pelo rigor quanto pela flexibilização. Ele consegue orquestrar seus hemisférios com maestria, sem sofrer uma inclinação determinante e sabendo usar seu livre-arbítrio a cada situação com justeza, gerando harmonia entre os dois hemisférios. Dependendo das condições específicas e justas num dado momento, a tônica estará ora sob a batuta do rigor, ora da leniência. Esse tipo representa o *tsadik*, o justo que pode trabalhar em ambas as plataformas éticas e não tem nenhum anticorpo (aversão) seja pelo modo Democrata como pelo Republicano. Quem pertence a esse grupo estará sempre em DR (discussões de relacionamento) e tentará trabalhar em equipe, como em um matrimônio bem-sucedido.

O tipo O (vamos assumir esta letra por semelhança aos tipos sanguíneos) representa o tipo Original (O) da alma animal. É o que mais se assemelha ao corpo animal. Esse tipo não tem nenhuma simpatia por qualquer plataforma ética, seja de rigor ou leniência, e desenvolve ambos os anticorpos "D" e "R". Sua rejeição ao comando da influência, seja do hemisfério esquerdo ou direito, bem como de uma harmônica relação entre ambos, o torna um ser à parte da ética, plenamente identificado com o *rasha,* ou seja, dominado por seu corpo animal. Sua alma está na fronteira dos escrúpulos humanos. Ele é destituído de discernimento moral, sendo incapaz de utilizar o cérebro para tomadas de decisões protagonistas e constantemente seduzido pelo desejo animal e por seu instinto como uma inclinação irresistível. O que o torna humano é que, como mencionamos, o *rasha* é um animal consciente e terá condições de ser humanamente animal, ou seja, com condições de se fazer ignorante e bárbaro. Por outro lado, o *rasha* tem uma faceta positiva e importante porque, ao expor os interesses animais, pode servir como bússola para momentos em que processos de racionalidade tornem o ser humano desconectado de sua própria dimensão orgânica.

Este Sistema DRO gera, portanto, quatro grupos anímicos: D, R, DR e O. E esses quatro grupos têm sua gênese na evolução individual do diálogo entre os dois hemisférios e na relação intrincada de rigores e leniências.

No entanto, mais um fator irá impactar a definição específica dos diferentes tipos anímicos. A natureza desse fator não terá sua origem determinada pelo cérebro, mas pelo coração. Equivalente ao fator RH do sangue, ele influenciará o tipo de inclinação da alma como positivo ou negativo, ou seja, se possui um fator amoroso e generoso que não vem da racionalidade, mas da exposição ao bem-querer e à apreciação (o positivo), ou se não possui esse fator (o negativo). O fator positivo representa uma inclinação à bondade e ao desapego que se somará aos grupos do sistema DRO, determinando os diversos tipos anímicos. Poderíamos metaforicamente chamá-los de Referência Humana (RH).

Importante perceber que a inclinação que provém desse fator tem um impacto similar ao do sistema DRO, mas sua natureza é distinta. A presença ou a ausência de generosidade também é uma elaboração das relações com o mundo, porém pelo viés do sentimento, não do sentido. Diferentemente da mente, que, ao estabelecer sentidos, produz também anticorpos e reações imediatas às respectivas inclinações – levando-se em conta que discernir implica sempre um julgamento –, o coração, por sua vez, produz um fator apenas composto por uma marcação que ou se tem ou não se tem. O fator produz um estranhamento ou uma sensibilidade que é diferente da aversão e da intolerância presentes na racionalidade, com suas inerentes dualidades e coerências. Esse fator aparece como dominante na espécie humana e a maior parte da população possui o fator positivo com relação a essa generosidade.

Esse *default* de alma, que cada um de nós desenvolve, provém da interação de nossos aspectos emocional e intelectual com o mundo. Serão esses fatores que se somarão ao corpo físico animal, determinando uma segunda natureza sutil e imaterial ao ser humano — sua *anima*. Nas experiências de vida em que reforçamos as plataformas D ou R (Democrata ou Republicana), irão se produzir as tendências a uma ou outra inclinação. Da mesma forma, a presença ou a ausência do fator afetivo (+ ou -) depende das vivências que acumulamos e que nos fazem pender, na relação emocional, para um lugar generoso ou não. As carências ou os excessos de mimos podem responder pela ausência desse fator, assim como os bons modelos e as experiências mais interativas podem favorecer seu aparecimento. Seja como for, ele estará presente ou ausente nas identidades dos tipos anímicos.

Podemos agora apresentar os tipos anímicos e reconhecer aquele que melhor define nossa identidade anímica e a dos demais humanos com quem convivemos.

Na esfera do *beinoni*

| D+ Democrata Generoso (Liberal) |
| D- Democrata Antagonista (Socialista) |

| R+ Republicano Generoso (Conservador) |
| R- Republicano Antagonista (Reacionário) |

Na esfera do *tsadik*

| |
|---|
| DR+ Justo Pleno (*tsadik gamur*) (Apartidário-Justo) |
| DR- Justo Ordinário (Apartidário) |

Na esfera do *rasha*

| |
|---|
| O+ Tendencioso Ordinário (*rasha*) (Anarquista na esquerda / Fascista na direita) |
| O- Tendencioso Pleno (*rasha gamur*) (Extremista) |

| |
|---|
| GRUPOS **D+, D-, R+, R-, DR+, DR-, O+, O-** |

# ECTOPLASMA – VESTÍGIOS ETÉREOS DAS DISTINTAS ALMAS

Vamos tomar emprestado da parapsicologia o conceito de "ectoplasma", que são os possíveis vestígios semimateriais que se adensam o suficiente para permitir a detecção de formas e características tangíveis à nossa percepção.

O quinto capítulo de *Pirkei Avot*, da Ética dos Ancestrais, livro sapiencial apresentado sob a forma de um legado ancestral às gerações, aponta quatro esferas de vestígios anímicos representando quatro áreas formativas de nossa cognição: a física, a emocional, a intelectual e a espiritual. Essas esferas cognitivas irão se conjugar entre si para determinar a alma que nos corresponde. A maneira como elas se conjugam determina um tipo anímico distinto.

Podemos reconhecer esses vestígios anímicos, esses ectoplasmas, identificando rastros e digitais nos campos físicos, emocionais, intelectuais e espirituais de nosso ser. Eles revelam nossas inclinações estruturais e correspondem respectivamente à posse, à raiva, ao domínio e ao apego. Observemos um a um.

## NO CAMPO FÍSICO-MATERIAL

Quatro são os tipos de pessoas.

O que diz: "O que é meu é meu, e o que é teu é teu" é um *beinoni* (mediano).

(Mas alguns apontam esta como tendo sido a conduta de Sodoma e Gomorra.)

O que diz: "O que é meu é teu, e o que é teu é meu", este é um *am aarets* (politicamente correto, confuso).

O que diz: "O que é meu é teu, e o que é teu é teu", este é um *chassid* (seguro, justo).

E o que diz: "O que é teu é meu, e o que é meu é meu" é um *rasha* (inseguro, sectário).

[Adaptado do *Pirkei Avot*, V:10]

Na dimensão mais concreta de nossa relação com a matéria e a posse, vemos as manifestações de cada aspecto das diferentes almas. A alma mais próxima da conduta animal, o *rasha* (O), se pauta meramente pelo impulso competitivo e de sobrevivência e não só protege o que é "seu", mas rivaliza e disputa pelo que é "teu".

Já a alma mais distante dessa sujeição ao instinto e seus impulsos é a do *tsadik* (DR). O *tsadik* aparece aqui pelo termo *chassid*, literalmente devoto, que é uma terminologia específica para quem é justo nessa esfera física das coisas e das utilidades. O termo *tsadik* (justo) é a manifestação dessa forma amadurecida quando ela aparece no espaço do juízo, revelando um equilíbrio que denota a esfera da espiritualidade. Quando a tradição se refere ao justo nas várias esferas, estas ganham terminologia específica. O justo no mundo físico é o *chassid* (o devoto); no emocional, o *tam* (o íntegro); no intelectual, o *chacham* (o sábio); e no espiritual, o *tsadik* (o imparcial sem inclinações).

Por isso, nessa esfera de entrega e altruísmo, o termo a se aplicar é *chassid*, um devoto à prática que está longe do campo emotivo ou teórico. Esse *tsadik* no campo prático é capaz de desarmar momentaneamente a inclinação animal, harmonizando entre D e R por meio de uma serena e pontual prevalência de D (leniência) sobre R (rigidez). Não se trata de uma preponderância triunfal de juízo definitivo, mas tão somente de justeza aplicada a um momento. Nesse sentido, não há uma dominância de D, mas a íntima confiança de R, delegando circunstancialmente a D para que melhor o represente. O justo sabe que, na esfera física, pender para D é encontrar o equilíbrio diante da forte inclinação a R. O que é "teu" e o que é "meu" perdem a função de responder pelo desejo e pela identidade. A posse se faz livre da ideia de "algo ter que ser meu" – "se você quiser, não me oponho que seja seu".

Não estamos falando de um valor superlativo de D sobre R, já que D, na esfera física da leniência, reflete a preocupação com o outro, e R, a preocupação consigo mesmo. É exatamente porque na esfera física o olhar para os interesses do "eu" é tão intenso, que a predominância do olhar para o "outro", nessa esfera específica, pode favorecer equilíbrios e justezas impossíveis pela dominância de R.

Para alguns comentaristas, o "meu" que é "teu" não significa uma abstinência de posse para o outro e sim para o Outro, para Deus. A compreensão do justo, de que somos inquilinos na vida, lhe permite exercer o desapego, abrindo mão do que é seu para a vida e recebendo, em retorno, a liberdade decorrente de privilegiar o "ser" mais do que o "ter".

As outras duas condutas respondem pelo *beinoni* – pelo mediano. Por um lado, vemos a forma Republicana de valorizar a propriedade num lugar não animal, civilizado: "o que é meu é meu, o que é teu é teu." Aqui se aplica a lei lógica da reciprocidade clássica, originária da ideia de que "se você faz por mim então eu faço por você". Essa equiparação tem origem no hemisfério esquerdo do cérebro, adorador de causalidades e promotor de contratos e fidelidades. O curioso comentário adicionado ao texto de *Pirkei Avot*, em que se associa essa conduta ao comportamento das cidades bíblicas de Sodoma e Gomorra, dá a entender que a racionalidade pode conduzir a atos de grande injustiça e perversidade. Seja como for, a moralidade do toma lá, dá cá, na condição de um fundamento, está associada ao tipo R.

A proposta "meu é teu e teu é meu", muitas vezes fala pelo "politicamente correto", que é uma proposta moral em forma bondosa, mas que, de maneira velada, pressupõe a mesma equivalência do "faça por mim, que faço por você". Essa proposta se assemelha à situação em que dois indivíduos, educadamente, cedem a vez um ao outro. O primeiro diz "depois de você", no que é retribuído por um "depois de você". Ambos assumem uma retórica de deferência e respeito ao outro, mas que é claramente subordinada à etiqueta de equivalência que mascara o que verdadeiramente está em jogo: o respeito a si próprio.

## NO CAMPO EMOCIONAL

Há quatro tipos de temperamento:
Facilmente irritado e facilmente apaziguado – este é intermediário (histérico).
Dificilmente irritado e dificilmente apaziguado – este é intermediário (neurótico).
Dificilmente irritado e facilmente apaziguado – é o íntegro (sereno).
Facilmente irritado e dificilmente apaziguado – é o *rasha* (impaciente/paranoico).
[Adaptado do *Pirkei Avot*, V:11]

Nessa abordagem sobre a zanga e o apaziguamento, ficam caracterizadas as tendências prevalentes da esfera emotiva. Ficar chateado é uma medida de quanto um desconforto causado por outro impacta nossa autoestima. As duas primeiras propostas falam sobre os intermediários, os *beinoni*. O que facilmente se irrita e se apazigua representa o tipo D, que, como um leniente, mesmo quando afetado, consegue relevar os incidentes em questão. O que dificilmente se irrita, por sua vez, denota menos sensibilidade às sutilezas que poderia identificar como hostis, mas, uma vez desencadeando um desafeto, sua rigidez o impede de perdoar com facilidade. Essa é uma conduta do tipo R, em que a austeridade e a seriedade servem inicialmente para conter atos precipitados de desagrado. Estes, uma vez deflagrados, se tornam renitentes e tinhosos.

Por sua vez, o tipo O, o *rasha*, é representado pelo personagem ressentido, que canaliza toda a sua mágoa para uma postura vingativa. Ele tem ambos os anticorpos D e R, herdando de um a facilidade de zangar-se e, do outro, a dificuldade de apaziguar-se. Estas características paranoicas podem assumir para um *rasha gamur*, um inseguro pleno, sintomas de psicopatia.

O *tsadik*, aqui representado por sua integridade psíquica e por uma inocência menos afetada, consegue desarmar sensibilidades exageradas. Mesmo que, por alguma razão, elas sejam deflagradas, ele as contém de imediato com o atributo da graça. Essa graciosidade é um predicado muito especial porque permite experimentar um bem-estar que independe da aprovação do outro e de seu julgamento.

Surpreendentemente, a autoestima não depende de uma estrutura de identidade sólida, mas da tolerância do olhar sobre si mesmo e da aceitação de nossas imperfeições e limites. Trata-se da descoberta de que as demandas do outro não só atendem ao outro, mas podem significar um benefício a quem supre ainda maior do que a quem é suprido. Novamente temos aqui uma relação DR, onde R outorga a D a liderança nesse equilíbrio. Essa harmonia que já mencionamos, como num "casamento", não acontece na mediana exata, nos 50% para cada, mas numa cooperação em que fazer-se coadjuvante e abrir espaço para o outro, paradoxalmente, pode representar a postura protagonista.

Importante notar que, também para a esfera emocional, a leniência exerce um papel de liderança sem estabelecer hierarquia na relação DR. Razão pela qual o *tsadik gamur,* o justo pleno, não é representado por alguém que não se zanga, mas sim por alguém que se vale da zanga apaziguada para aperfeiçoar sua piedade e sua compaixão. Enquanto o justo ordinário trata de nunca se zangar e agir como um santo, o justo pleno dificilmente se zanga, mas o faz para exercer a capacidade de facilmente ser apaziguado. Aqui aparece, claramente, um importante conceito para a sabedoria judaica: é o de *tshuva*, "de retorno", pelo qual o arrependimento e o conserto de nossas ações são mais valorosos do que o próprio "não errar". Melhor aquele que se emenda do que aquele que evita erros.

## NO CAMPO INTELECTUAL

Há quatro tipos de aprendiz:

Rápido para captar e rápido para esquecer – este é intermediário (entende sem compreender, Democrata).

Lento para captar e lento para esquecer – este é intermediário (compreende sem entender, Republicano).

Rápido para captar e lento para esquecer – é erudito (*chacham*).

Lento para captar e rápido para esquecer – é alienado (*chelek rá*).

[Adaptado do *Pirkei Avot*, V:12]

A esfera intelectual tem relações particulares com a leniência e a severidade. *Pirkei Avot* se relaciona com o aprendizado pelo aspecto da disciplina. Não é de seu interesse avaliar a intelectualidade a partir do raciocínio, ou seja, de seu aspecto lógico (R) ou criativo (D), mas sim a partir do quão apta a cognição pode ser. Esses componentes do raciocínio são tratados na mística judaica como *bina* (R-, a construção conceitual) e *chochma* (D-, a sacada ou a astúcia). No entanto, o elemento intelectual que está sendo valorado aqui é a capacidade de entender algo e acatar tal discernimento; é o ato inicial de alcançar uma ideia e perceber seu sentido. A isso se segue uma segunda cognição, que compreende e passa a observar o discernimento assimilado para reproduzir novas ações intelectuais. O atributo D está voltado para a capacidade de captar, ou seja, de *sacar*, com bom jogo de cintura, aquilo que deve ser discernido. Já o atributo R tem sua ênfase no fato de que, uma vez havendo discernimento, o aprendizado se torna uma espécie de aplicativo – digamos que "cai a ficha". Nesse sentido, é importante entender o que fazem os modernos aplicativos em nossos *smartphones*. Os telefones são "espertos" porque possuem muitas funções, mas também porque são capazes de organizar e ter "aplicatividade". Um aplicativo é *smart* não porque entende algo e oferece uma função, mas porque se ocupa de uma área ou tarefa específica com a disciplina de todos os entendimentos anteriores. Estes últimos estão organizados para determinar uma compreensão que permita aplicar (*laassot*) e obter um desempenho fiel com relação ao que foi entendido. "Compreendi", ou seja, não vou precisar entender a mesma coisa a cada vez que ela acontecer porque fui capaz de gerar uma relação cognitiva em que "sou lento para esquecer".

O aspecto intelectual da alma em D se expressa no fato de que ele é "rápido para captar", sendo sensível e flexível, atuando com sintonia fina e alcançando com maestria o que está em jogo. O aspecto em R, por sua vez, tem a ver mais com a assimilação desta descoberta e como ela se distribui por todo o comportamento de um indivíduo. A seriedade do discernimento implica comprometimento. Para os rabinos, a qualidade da leniência está para o discernimento, assim como a da severidade está para o compromisso.

O tipo D representa alta capacidade de discernir e pouca de se comprometer. O tipo R está no outro oposto: tem dificuldade em discernir com refinamento, mas grande potencial para o compromisso. Não é raro vermos pessoas tipo D com alto grau de sofisticação em sua análise, mas com pouco engajamento perante seu discernimento; já indivíduos do tipo R são altamente envolvidos e dispostos ao cumprimento, porém com grande carência de crítica e inépcia em sua apreciação.

O tipo DR, o justo em sua pele intelectual de *chacham*, de douto, é aquele que integra ambas as tendências: a profundidade no discernimento e a responsabilidade com o compromisso. O justo é a congruência entre saber e fazer, tudo que ele sabe está diretamente vinculado ao que ele faz. Dessa forma, o discernimento implica ação, e a ação, por sua vez, implica maior discernimento. Por estranho que pareça, diferentemente do que ocorre nas esferas física e emocional, na intelectual, o mando de campo é revertido de D para R porque o comprometimento tem mais poder de alterar o discernimento do que o oposto. Essa é uma postura sapiencial da tradição judaica que vê a capacidade de engajamento como um bem cognitivo maior do que o próprio discernimento mental. Quem se compromete com o que sabe é intelectualmente mais consistente do que quem sabe, mas não integra o discernimento em sua consciência. O justo pleno, o *chacham gamur*, é alguém que não observa apenas aquilo que capta, mas que aprende a utilizar os seus compromissos passados para orientar seu discernimento futuro. Ele "faz" antes de "saber", e assim os compromissos passados orientam seus entendimentos. Em outras palavras, a compreensão começa a orientar os entendimentos a partir de um determinado momento de maturidade na vida. E as evidências estão mais na experiência do que no entendimento momentâneo. Claro, isso não pressupõe uma anulação do discernimento, mas uma auditoria que posiciona R como um parâmetro guia. O conservadorismo é um atributo que tem precedência ao liberalismo na esfera intelectual. E a leniência outorga autoridade à severidade nesse campo.

A característica O, *rasha*, ganha aqui a roupagem da alienação. O pouco esforço por discernir é amplificado pela apatia e pelo descompromisso na ação. O *rasha* ordinário é aquele que nem entende, nem compreende, comportando-se como um alienado; já o *rasha gamur*, pleno, por sua vez, tudo que ele entende faz questão de não compreender. Assume, assim, uma postura de indiferença.

## NO CAMPO ESPIRITUAL

Há quatro tipos entre aqueles que fazem filantropia (*tsedaka*):

O que deseja doar, porém desde que outros não doem – é intermediário (rouba mérito do outro).

O que deseja que outros doem, mas não ele – é intermediário (rouba mérito de si).

O que deseja doar e que outros também doem – este é largo.

O que não deseja doar e que outros tampouco doem – este é estreito.

[ Adaptado do *Pirkei Avot* V:13]

Na esfera espiritual, a relação de leniência ou severidade aparece no campo do desapego. A espiritualidade está no reverso da esfera física, o lugar do apego ("meu/teu"). Doar aparece então como a ação própria dessa instância. Isso não tem a ver com posse. O que ocorre é que entramos no fluxo da vida por onde todas as contribuições se dão. A espiritualidade é o meio por onde emanam as coisas perenes e nada daquilo que se possa "ter" encerra a qualidade da permanência. Apenas nos atos que fluem entre um e outro, ou no contexto das parcerias e dos coletivos, é que se pode revelar o aspecto espiritual. Ele está na ancestralidade que encadeia gerações, nas intervenções e interações que deflagram vínculos ou na percepção de um Todo ao qual se pertence. E os verbos que preconizam esse âmbito são "dar", "oferecer".

Os diferentes aspectos anímicos se distribuem então nesse mundo espiritual dos fluxos da seguinte maneira: pela comunhão com eles (*tsadik*), pela obstrução dos mesmos (*rasha*) ou por seu bloqueio parcial, sendo este último típico do *beinoni*, do intermediário, em suas duas manifestações. A primeira delas é representada pelo fator R, que, por contar com o atributo do rigor, dispõe das qualidades do zelo e da diligência, as quais favorecem em muito a prontidão para doar sem subterfúgios. Esse comprometimento com a ação, porém, convive muitas vezes com um padrão competitivo e vaidoso que tende a reter o fluxo de "ofertar" no que se refere ao outro. Esse desejo de exclusivismo e soberba, aberta ou veladamente, tenta impedir que outros desfrutem de um determinado mérito como doadores. Por outro lado, o leniente, o aspecto D, tende a propagar a postura "correta", apontando o que é nobre em teoria, ficando muitas vezes, no entanto, num discurso sem comprometimento com a ação. Desta forma, mesmo expressando princípios de grande compaixão e espiritualidade, seu comportamento não acompanha suas ponderações. Sua sabedoria é mais eloquente que sua ação. Daí estarem sempre conclamando os outros a ter maior responsabilidade social e a pensar amplamente no coletivo, mas se eximir de uma atitude pessoal nessa direção.

O *tsadik* representa o tipo anímico que está sempre, individual e coletivamente, recolocando o que é parte no todo, fazendo do fragmento uma fração do inteiro. O *tsadik* quer que os outros estejam eternizados na cadeia das trocas e interações e faz o mesmo em sua conduta pessoal – doa e ao mesmo tempo encoraja os outros a doar. A *tsedaka*, o altruísmo, é o ato de anulação de nosso aspecto fragmentado, do dito "eu", e tem o mérito de realçar o "contexto" de nossa existência (em detrimento do "texto"). O *rasha* faz o oposto: se desvincula do plano espiritual e também se esforça para que os outros fiquem de fora. Isso porque o *rasha*, o tipo O, tem o antígeno D, que inibe a sua doação, e o R, que tolhe a doação de outros.

Curioso o fato de que o *tsadik*, em seu tipo DR, nessa esfera espiritual também precisar recorrer à predominância da ação, de R, sobre o discernimento de D. Ou seja, fazer é mais importante do que fazer os outros fazerem. Ao fazer, você ganha maior imunidade às racionalizações e aos processos mentais viciados por interesses próprios. É assim que o mundo espiritual desfruta de equilíbrio numa arena mais conservadora – um aspecto Republicano ganha precedência, privilegiando a reverência mais do que o atrevimento.

O comportamento do *tsadik* tende à leniência no mundo físico, da compaixão, e também no mundo afetivo, do apaziguamento, porém tende à severidade tanto no mundo intelectual, da compreensão, quanto no espiritual, da conexão. Funciona num modelo DR nas esferas física e emocional e RD na intelectual e na espiritual.

Vemos, assim, que a leniência interfere nas esferas física e emocional, e que o rigor, por sua vez, tem ingerência nas esferas intelectual e espiritual. Tudo isso favorece um melhor equilíbrio em cada um desses diferentes níveis. Digamos que é recomendável colocar mais coração nas dimensões física e emocional e mais mente nas intelectuais e espirituais.

A influência do fator RH (Referência Humana) vai ser um importante regulador também. Um *tsadik gamur*, um justo pleno, deverá ter uma relação espiritual que seja RD+. Ou seja, em seu equilíbrio entre o antígeno R e o antígeno D, o *tsadik gamur* permite a ascendência de R sobre D, mas desde que seu fator RH seja positivo. É essa "referência humana" que nunca lhe permitirá se afastar da empatia para com o ser humano, mesmo numa condição de severidade.

# EXPOSIÇÕES KIRLIAN –
# A AURA DE CADA UM

A partir dessas breves definições, podemos agora "fotografar, pelo método Kirlian", o nosso tipo anímico. Essa técnica de "eletrofotografia", acidentalmente descoberta por Semyon Kirlian, em 1929, produzia um "halo luminoso", uma aura, em torno de objetos fotografados em um campo elétrico. Essas imagens ficaram popularmente conhecidas como fotografias da alma. Vamos então aplicar metaforicamente um "campo", uma estimulação, como a definida pelas proposições do *Pirkei Avot* ("meu/teu", "zangar/apaziguar", "captar/reter" e "eu doar/outro doar"), para gerar um fotograma das auras em seus diferentes tipos anímicos. Essa poética visa enfatizar os distintos matizes imateriais que se formaram como cânones e doutrinas a partir de nossas experiências e interações com a vida. *Pirkei Avot* funcionará aqui como o campo elétrico aplicado para produzir esses fotogramas. Mesmo sendo apenas um efeito físico, sem significar realmente que neles se revelem as almas, sugere um campo energético existente em todos os materiais, sejam orgânicos ou inorgânicos. É esse "campo" que revelará as predisposições de cada alma e que estamos tentando iluminar.

## BEINONI – INTERMEDIÁRIOS

| Foto Kirlian do Democrata generoso (D+) (Liberal) |
|---|
| Fisicamente – O que é meu é teu, e o que é teu é meu (D+, tendendo à leniência) <br> Emocionalmente – Fácil de irritar e fácil de apaziguar (D+, tendendo à leniência) <br> Intelectualmente – Discernimento maior que comprometimento (D–, tendendo ao rigor) <br> Espiritualmente – Apegado, porém inclusivo (D–, tendendo ao rigor) <br> (D+/D+/D–/D–) |

| Foto Kirlian do Democrata antagonista (D–) – (RH–) (Socialista) |
|---|
| Fisicamente – O que é meu é teu, e o que é teu é meu (D+, tendendo ao rigor) <br> Emocionalmente – Fácil de irritar e fácil de apaziguar (D+, tendendo ao rigor) <br> Intelectualmente – Discernimento maior que comprometimento (D–, tendendo à leniência) <br> Espiritualmente – Apegado, porém inclusivo (D–, tendendo à leniência) <br> (D–/D–/D+/D+) |

| **Foto Kirlian do Republicano generoso (R+) (Conservador)** |
|---|
| Fisicamente – O que é meu é meu, e o que é teu é teu (R+, tendendo à leniência) |
| Emocionalmente – Difícil de irritar e difícil de apaziguar (R+, tendendo à leniência) |
| Intelectualmente – Comprometimento maior que discernimento (R-, tendendo ao rigor) |
| Espiritualmente – Desapegado, porém não inclusivo (R-, tendendo ao rigor) |
| (R+/R+/R-/R-) |

| **Foto Kirlian do Republicano antagonista (R-) (RH-) (Reacionário)** |
|---|
| Fisicamente – O que é meu é meu, e o que é teu é teu (R+, tendendo ao rigor) |
| Emocionalmente – Difícil de irritar e difícil de apaziguar (R+, tendendo ao rigor) |
| Intelectualmente – Comprometimento maior que discernimento (R-, tendendo à leniência) |
| Espiritualmente – Desapegado, porém não inclusivo (R-, tendendo à leniência) |
| (R-/R-/R+/R+) |

| **Foto Kirlian do Justo pleno (DR+)** **(Apartidário-justo)** |
|---|
| Fisicamente – O que é meu é teu, e o que é teu é teu (DR+, tendendo à leniência) |
| Emocionalmente – Difícil de irritar e fácil de apaziguar (DR+, tendendo à leniência) |
| Intelectualmente – Comprometimento e discernimento (RD-, tendendo ao rigor) |
| Espiritualmente – Desapegado e inclusivo (RD-, tendendo ao rigor) |
| (DR+/DR+/RD-/RD-) |

| **Foto Kirlian do Justo ordinário (DR-) (RH-)** **(Apartidário-imparcial)** |
|---|
| Fisicamente – O que é meu é teu, e o que é teu é teu (DR+, tendendo ao rigor) |
| Emocionalmente – Difícil de irritar e fácil de apaziguar (DR+, tendendo ao rigor) |
| Intelectualmente – Comprometimento e discernimento (RD-, tendendo à leniência) |
| Espiritualmente – Desapegado e inclusivo (RD-, tendendo à leniência) |
| (DR-/DR-/RD+/RD+) |

**Foto Kirlian do tendencioso (*Rasha*) ordinário (O+) (Anarquista/Fascista)**

Fisicamente – O que é meu é meu, e o que é teu é meu (O+, tendendo à leniência)
Emocionalmente – Fácil de irritar e difícil de apaziguar (O+, tendendo à leniência)
Intelectualmente – Baixo discernimento sem comprometimento (O+, tendendo à leniência)
Espiritualmente – Apegado e não inclusivo (O+, tendendo à leniência)
( O+/O+/O+/O+)

**Foto Kirlian do tendencioso (*Rasha gamur*) pleno (O-) (Extremista)**

Fisicamente – O que é meu é meu, e o que é teu é meu (O-, tendendo ao rigor)
Emocionalmente – Fácil de irritar e difícil de apaziguar (O-, tendendo ao rigor)
Intelectualmente – Baixo discernimento sem comprometimento (O-, tendendo ao rigor)
Espiritualmente – Apegado e não inclusivo (O-, tendendo ao rigor)
( O-/O-/O-/O-)

Abaixo, a configuração das várias almas nas esferas física, emocional, intelectual e espiritual:

---
Democrata generoso = D+/D+/D-/D-
Democrata antagonista = D-/D-/D+/D+
Republicano generoso = R+/R+/R-/R-
Republicano antagonista = R-/R-/R+/R+
Justo pleno = DR+/DR+/RD-/RD-
Justo ordinário = DR-/DR-/RD+/-RD+
Tendencioso ordinário (*rasha*) = O+/O+/O+/O+
Tendencioso pleno (*rasha gamur*) = O-/O-/O-/O-
---

| | Tolera | Tem afinidade |
|---|---|---|
| Alma tipo **D+** | D-, O+ | D+, DR+, DR- |
| Alma tipo **D-** | D+, O-, DR+, DR- | D+, D- |
| Alma tipo **R+** | O+, DR+, DR- | R+, R- |
| Alma tipo **R-** | O+, O- | R-, R+ |
| Alma tipo **DR+** | | D+, D-, R+, R-, O+, O-, DR-, DR+ (todos) |
| Alma tipo **DR-** | D+, D-, R+, R-, O+ | DR-, DR+ |
| Alma tipo **O+** | R+, R- | O+, O- |
| Alma tipo **O-** | O+ | O- |

## ALMA – **A**LINHAMENTO **L**IBIDINAL **M**ANDATÓRIO **A**UTÔNOMO

Para prosseguirmos, é fundamental aprofundar o significado de Alma. Tratamos a Alma como o sistema operacional básico de nossa gnose, de nosso saber acerca de nós mesmos. A Alma é claramente o software da existência, enquanto o corpo é o hardware. Normalmente pensamos no software como os programas, mas, no seu sentido mais básico, é o sistema sobre o qual rodam as informações elementares pertinentes a uma forma de coerência. Trata-se da lógica básica que organiza e lê os dados alimentados pelo exterior, seja por um programador ou pela vida, e que permite um processamento por padrões previamente determinados. Sua denominação de "equipamento-soft" deriva do fato de que se trata de um equipamento (*ware*) imaterial porque é a parte abstrata ou subjetiva de uma entidade. Enquanto o equipamento do corpo é objetivo e seu processamento tem uma natureza mecânica, a alma atende por padrões subjetivos e de natureza sistêmica.

Mencionamos que na tradição mística judaica há uma diferenciação entre "*Nefesh Behemi*" e "*Nefesh Elohí*", uma "Alma Animal" e outra "Alma Divina". Essa divisão é necessária porque a Alma Animal (anímica) é o sistema operacional que anima o corpo, dando a ele uma lógica para poder processar todas as suas funções, enquanto que a Alma Divina é relativa ao sistema operacional da vida e responde pelo vínculo entre a parte e o todo. Um é o sistema operacional do corpo, o outro, o sistema operacional da vida. E todo o esforço filosófico e espiritual de estudar o conceito da Alma Divina no passado responde pela curiosidade metafísica do ser humano, que é a de compreender o encaixe da existência no projeto maior da vida. Nosso interesse, no entanto, é fixar o olhar na Alma Animal, que compreende padrões que são menos enigmáticos e que mediam entre o *soft* e o *hard* de nossas existências. É curioso que a abordagem escolhida para analisar a Alma tenha sido exatamente aquela que, pelos atributos do rigor e da leniência, possui similaridade com os conceitos de *soft* e *hard*: talvez porque, toda vez que nossa referência é a ótica objetiva, tendemos a um olhar *hard*, explícito, e, quando o fazemos pela ótica subjetiva, tendemos a um olhar *soft*, implícito.

A Alma é, assim, sempre associada a um propósito: seja ao do corpo perante a existência ou ao do existir diante da vida. Ela estabelecerá um vínculo do presente com o passado e o futuro: enquanto a materialidade e a mecânica do equipamento atendem a uma finalidade mais efêmera, a Alma tem seu escopo no vínculo que é mais perene. O corpo é uma expressão do presente. Não há corpo no passado e não há corpo no futuro. A morte é instantânea porque a vida do corpo é instantânea. O não funcionamento impossibilita o corpo e o retira do único tempo que sustenta sua aplicabilidade na existência, o presente. Como dissemos, tem uma natureza mecânica. Já a Alma, uma manifestação sistêmica de propósitos, tem existência que precede ao presente do corpo e também a seu futuro. É verdade que, quando pensamos no corpo, vemos seu passado e podemos fazer conjecturas sobre seu futuro, mas isso é imaginação, já que o corpo tem no presente o seu único palco e ambiente.

A Alma responde por toda informação do passado que foi atualizada por evoluções sistemáticas e por revoluções que impactaram a existência. E ela se comunica com o futuro na continuidade da história através do vínculo, seja do corpo com a existência ou da existência com a vida. Essa dimensão imaterial, que é parte de nós, não desaparece com a finitude do corpo, mas está registrada nos vínculos para além do individual e do particular. O coletivo e a "parte do todo" estão numa esfera menos efêmera e que se relaciona tanto com o passado quanto com o futuro. Mas não são necessariamente índices eternos de passado ou de futuro porque, se assim fosse, entraríamos no âmbito da Alma Divina e das questões relativas ao "todo". Nosso interesse está neste lugar pequeno da "parte" – a dimensão anímica. Nela, a tendência que nos faz ter uma Alma específica é o somatório de registros imateriais, muitos deles oriundos do funcionamento do sistema animal e instintivo, mas não somente. Todas as esferas imateriais, sejam as informações genéticas que registram a história de nossas vidas e que precedem o corpo, sejam as instintivas, que denotam traços coletivos animais, sejam as atávicas, que descaracterizam o indivíduo através de aspectos latentes de ascendentes remotos até mesmo para além do sistema animal, todas elas fazem parte da Alma, do *default* que nos faz tender a determinado comportamento. O passado inclui não só o período anterior ao corpo, mas também a construção do corpo através da experiência vivida, o que hoje chamamos de epigenética, a transmissão de informação adquirida na relação com o meio ambiente e as vivências. A Alma Animal responde pelas camadas mais sutis da existência, as quais, apesar de estarem no corpo, não são o corpo; se aplicam através do corpo, mas são uma instância distinta, cuja lógica é mais profunda. A Alma Animal é o software que roda no corpo. Em última análise, faz com que o corpo se comporte como um aplicativo capaz de gerar ação e reação.

Esse sistema responde por escolhas, gostos e partidarismos. É ele que estabelece inclinações e tendências. E você não é você sem a individualidade de seu corpo e a inclinação de sua Alma. A "camisa que você veste", o pendor a A em vez de B, é tão sua identidade quanto o corpo que você habita. Esse corpo, sem suas propensões, não é você, pois não inclui a sua Alma. O corpo que você possui é determinado e único, e o Alinhamento Libidinal Mandatório Autômato produzirá olhar, escolha e predisposição. As certezas, as incertezas, os gostos e as crenças, todos derivam desse software. Direita ou Esquerda, Republicano ou Democrata, rigor ou leniência são manifestações profundas de padrões imateriais. Sim, podemos nos refinar e sobre isso trataremos adiante, mas sua libido, sua inclinação ou energia psíquica fundamental terá este traço constante. A Alma

Anímica é tão personificada como o é o corpo – não se muda de Alma. Porém, assim como o corpo pode ser moldado por exercícios e práticas, a Alma Anímica pode ser talhada e temperada por incrementos imateriais, tais como pensamentos, contemplações ou meditações. São eles a ginástica ou o regime que esculpem a Alma Anímica.

# A ALMA E O PÓS-VIDA – PADRÕES ESTABELECIDOS POR EXPECTATIVA E REENCARNAÇÕES

A fim de melhor definirmos a Alma, faz-se necessário aprofundar o significado do corpo. Ele representa os campos físico e emocional. O campo físico reage às perturbações e prazeres, enquanto que o emocional responde aos estresses e afetos produzidos em interações com a realidade. A Alma Anímica, por equivalência, é manifesta pelas esferas intelectual e espiritual do ser, de características imateriais, e que se traduzem de duas maneiras: ou pela inteligência e por suas inclinações na esfera intelectual, ou pela existência e as suas "reencarnações" no plano espiritual.

Por "reencarnações", denomino o aspecto genético-atávico-sistêmico de nossa existência. Há nela algo anterior ao corpo. Essa característica espiritual de nosso ser expressa o fato de que ninguém é uma "ilha", e que é impossível viver apenas pela identidade e pela individualidade. Somos parte não só da Realidade, mas somos nossos avós, pais, cultura e espécie, tudo numa única personificação. No futuro pós-corporal, continuaremos sendo parte da dimensão imaterial, com a única diferença de que haverá ausência de consciência. Afinal, a consciência é uma percepção estrutural que não se manifesta sem o corpo. Na reencarnação, novos corpos se encadeiam tendo como fronteira, para além deles mesmos, uma "sub" ou "meta" consciência que se revela a nós de forma misteriosa. As questões de reencarnação fogem ao foco de nosso interesse, no entanto, porque concernem mais à Alma Divina do que à Alma Anímica (Animal). É a Alma Divina que responde pela imaterialidade "reencarnatória" de nossa existência – daquilo que fomos no passado e do que seremos no futuro. Nosso interesse na esfera anímica está, portanto, circunscrito ao que denominamos intelecto e às inclinações que o impactam. O aspecto imaterial e virtual da mente evidencia as "digitais" de nossa *persona* ou, como o Talmude nomeia, de nosso "caráter". Esse caráter sentencia destinos e decreta desfechos. É por isso que as inclinações de nosso pensamento geradas por fatores constitutivos nos fazem não só Republicanos/Democratas ou rigorosos/lenientes, como determinam escolhas e caminhos que abraçamos em nossa encarnação.

Essas inclinações intelectuais não partem apenas do passado que nos formou. Por ser imaterial, o intelecto tem expressões atemporais, havendo nele âmbitos passados e futuros, distintos do corpo e seu presente. O corpo está bem ou mal, funcionando ou não, sempre no presente. O intelecto, diferentemente, é afetado pelo passado, que lhe gera inclinações, mas também pelo futuro. Este produz preocupações intelectuais que influenciam tanto nossa inteligência quanto nossas inclinações vindas do passado. As preocupações com a morte produzem propensões que se originam da relação de nosso intelecto com o futuro. E essas propensões levam a duas formas de orientação: pelo caminho do enfrentamento ou da sublimação. Republicanos tendem a apaziguar a preocupação com a morte pelo confronto – vai acontecer mesmo! – e os Democratas, como algo a ser aliviado pelo enobrecimento ou pela elevação – vai ficar tudo bem! O rigor encara o que é inexorável e a leniência consola diante do que é fatal. Essas preocupações estão constantemente presentes na valoração e na avaliação da vida. Trata-se de uma interação com o futuro, algo determinante para a Alma Anímica.

Ambas as tendências – confronto e sublimação – emanam do campo do medo, lembrando que tanto Republicanos quanto Democratas pertencem à condição de alma *beinoni*, isto é, dos intermediários, que buscam mediar entre si e a vida através de valores. É do medo que se originam tanto as inclinações quanto as preocupações. Os Justos são precisamente aqueles que conseguem neutralizar as inclinações e preocupações, substituindo a plataforma básica de seu intelecto, indo da matriz do medo para a matriz da reverência. A reverência é uma mesura, que concede vênia e respeito sem ter que recorrer ao medo ou ao horror. A justeza do Justo está exatamente na capacidade de desarmar medos e inseguranças que se apresentam sempre sob a forma das inclinações e preocupações. Para o Justo, evocar as expressões "eu acho" e "eu me preocupo" são indicativos de perda de justeza em algum grau, sendo um preâmbulo ao partidarismo.

Para a Alma, a importância do além-vida, seja na caracterização de um pós-vida ou de uma pré-vida, de encarnações prévias ou de vida pós-morte, tudo isso está relacionado à natureza imaterial. E a sapiência judaica cunhou termos para atender a ambas as perspectivas da Alma Anímica e da Alma Divina sobre o tempo. A Alma Divina não existe no tempo, mas na relação libidinal (mandatória e autônoma) de *dvekut*, que é o desejo de reunir-se e acoplar-se ao Todo. A Alma Divina, portanto, se identifica pelo aspecto imaterial da "parte" que se vê terminantemente atraída em direção ao "Todo", e este é seu desejo passional recorrente. Já a Alma Anímica expressa sua libido no clamor pelo *Olam Haba*, pelo "Mundo Vindouro", um mundo próprio e distinto do mundo animal do corpo. Este é um termo que merece análise.

# O MUNDO VINDOURO (*OLAM HABA*)

A libido da Alma, diferentemente da libido do corpo, não tem a função de promover a sobrevivência material, mas imaterial. A sobrevivência do corpo é confeitada com as libidos, sejam dos *gostos* que fomentam o nutrir e o saciar, sejam dos *gozos* que estimulam a procriação. Sem gostos e gozos, a vida não faz sentido em sua concepção corporal. Ficar alijado de ambos desconecta o corpo de sua existência. Já para a alma, a libido está em significar algum grau de transcendência que lhe permita existir não no presente, mas nos tempos perenes do passado e do futuro. Assim como para o corpo tanto o futuro quanto o passado só são realidades acessíveis através da telinha imaterial e incorpórea do pensamento, para a alma é justamente o contrário – é o presente que representa uma virtualidade. Para uma Alma, é a existência no presente que é percebida como impalpável ou abstrata, e justamente por não poder garantir sua existência no eixo passado-futuro é que uma Alma pena. Uma Alma penada é aquela que perdeu seu alinhamento com o tempo passado-futuro. Para a tradição judaica, o termo cunhado é *Olam Haba*, o Mundo Vindouro. E não se equivoque com a palavra "vindouro", como se fosse referida ao tempo futuro, do pós-vida. Trata-se aqui da existência paralela, de um mundo paralelo no qual a Alma anseia constantemente habitar, esfera capaz de recolocá-la no eixo do tempo passado-futuro. A parte de nós que reconhece essa instância e que por ela aspira é exatamente a nossa Alma Anímica, esteja ela em qualquer um dos estágios que apontamos: justa, perversa ou intermediária. Todas elas tentarão, de alguma forma, seja com maior ou menor qualidade, acessar a transcendência. Nessa realidade, mais valerão aspectos da transformação e evolução do que a mera conservação e manutenção da vida no presente – a maior motivação do corpo.

Todo ser anímico tem acesso à transcendência do *Olam Haba*, o Mundo Vindouro do passado-futuro, por meio da superação da libido animal, substituindo-a pela libido anímica. É o que declara o primeiro parágrafo de *Pirkei Avot* (na seção Dicas Ancestrais Rumo à Transcendência, 1:1). E qual é essa libido? "Produzir algo que é bom para si e para o mundo" (2:1). Toda vez que o ser humano consegue sobrepujar os interesses do corpo e do presente e alinhá-los com interesses do passado-futuro, do *Olam Haba*, a alma se perpetua nesse tempo paralelo. Reside, portanto, no pensamento humano uma chave que, ao ser acionada, nos tira da pequenez (*katnut*) e nos remete ao engrandecimento (*gadlut*). Em estado de pequenez, a libido corporal será dominante e a libido anímica, recessiva, tal como vemos no *rasha* e muitas vezes no *beinoni*. Ambos têm dificuldade em acessar, pelo pensamento, o Mundo Vindouro. Será necessário ao pensamento livrar-se da insistente e recorrente pequenez Deste Mundo (*Olam Hazé*) para ativar pensamentos alargados do *Olam Haba*.

# O INCRÍVEL UNIVERSO DO PENSAR E SEUS TRÊS MUNDOS

O pensamento é um lugar incrível. Nele, estão a individualidade e também todas as parcialidades e tendências de um ser. Quanto mais inclinações um pensamento tiver, mais "estreito" ele será e corresponderá ao corpo; por sua vez, quanto menos inclinação possuir, maior será sua grandeza e a ela corresponderá um grau de transcendência.

Por ser uma instância de liberdade absoluta – a liberdade de ser –, o pensamento é o lócus do "eu" e da identidade. Para estar nessa condição, ele tem que gozar de totais independência e autonomia, por isso é blindado para não acolher nada que não parta do próprio ser. Quando algum comando ou olhar invade o pensamento, como um vírus, demanda tratamentos para resgatar a autonomia perdida. No pensamento, não há "politicamente correto". Ele julga e condena, é preconceituoso e cruel, pode ser perverso, sexista, racista, libertino, depravado ou desequilibrado. Tal como no estômago, nele há ácidos corrosivos de autonomia que garantem o livre funcionamento da identidade. O sarcasmo, a ironia, o cáustico, a aspereza, o azedo e o tóxico convivem para garantir a liberdade e a soberania de si sobre si mesmo. Todo pensamento iniciado por outro é digerido por esses ácidos e vira pensamento ou opinião própria. Se as falas da mãe ou do pai, da cultura ou da religião invadem o pensamento de forma monolítica, causam uma congestão que demandará algum tipo de terapia para restabelecer a autonomia do indivíduo. Portanto, no pensamento nada é mais natural e legítimo do que o "eu". E será um aprendizado constante para esse "eu" reconhecer que sua Alma também é parte de si, a parte que lhe dá acesso a pensar "alargado" como um ato pessoal e próprio. O eu aprenderá a não desqualificá-la, a não confundi-la com demandas externas, sejam elas da moral ou de valores. Os valores que incorporamos podem às vezes até adocicar ou domesticar o acre do pensamento, mas têm insignificante capacidade de influenciar a entidade emancipada da mente. O que modifica o pensamento é, só e somente só, outro pensamento próprio. O aperfeiçoamento humano se dá quando pensamentos são transformados de maneira autônoma, tocando-nos livremente, de forma diferente, por um autoconvencimento que é sempre pessoal e particular. E esse aperfeiçoamento só pode ocorrer quando se faz uso do recurso integrado das três distintas alçadas do pensar.

Podemos dizer que o pensamento humano acontece em três distintas esferas ou mundos: o pensar (*machshava*), o falar (*dibur*) e o agir (*maassê*). Normalmente pensamos essas três áreas como instâncias distintas, mas vamos tentar defini-las como o lugar virtual integrado de nossa consciência, matriz do pensamento que origina nossa identidade. O místico Besht dizia que um ser humano está naquilo que está pensando. Se você está na praia e pensa no banco, você está no banco. Estamos onde pensamos e, para entendermos onde o humano de nós habita, temos que resgatar a poética do texto do *Livro do Gênesis*, em que o ser humano é desterrado pela consciência e é expulso do mundo da Natureza. Desde então, vivemos nesse outro lugar, um sítio novo onde há a morte, a vergonha e o certo-errado. Desde então, o pensamento interage com a realidade a partir dos territórios do pensar, do falar e do agir. Nossa conexão com o mundo não acontece pelos sentidos – pelo tocar, ver, cheirar e degustar –, como se dá com qualquer outra espécie, mas pelo pensar-falar-agir dentro do espaço pensamento.

A Alma e o pensamento alargado (*gadlut*) só são possíveis na integração do pensar-falar-agir. A virtualidade do pensamento se expande para além do pensar, incluindo também o que falamos e o que fazemos. Cada pessoa responde por essas três áreas de seu "eu", as quais não lhe são involuntárias, muito pelo contrário. Minha identidade (o pensar mais abrangente, porque me inclui) responde por tudo que me é eletivo e por aquilo sobre o que voluntariamente arbitro. Quando falamos, o pensamento está no âmbito da fala e, quando fazemos, no ambiente da ação. Todas essas esferas respondem por minha pessoa em minha consciência e dão oportunidade à transcendência via intelecto, este intelecto pleno que denominamos: a Alma Anímica Animal.

Vamos olhar para esse tripé que alicerça a Alma Anímica e lhe permite alçar o *Olam Haba,* lugar de onde retira seu suprimento vital de transcendência. Enquanto o corpo desfruta e goza (ou dói e sofre), a alma pensa-fala-age. Enquanto o corpo reage em identidade, a alma se responsabiliza em identidade. E é justamente nesse tríplice território do intelecto que o pensamento pode passar da condição de "estreito" a "alargado", ou de "perverso" ou "intermediário" a justo. A ampliação do pensamento se dá porque ele não é meramente pensar, mas pensar-falar-agir.

O pensar é o "eu", como já observamos. Nada mais legítimo do que ser apenas "eu" no pensar. Já o falar é o encontro do "eu" com o "tu" ainda no pensamento. Quando falo, preciso da escuta. Para ser escutado, um outro tem que se disponibilizar a ouvir. Para além da minha vontade, inúmeros requisitos se fazem necessários na obtenção dessa escuta. Temos que falar a mesma língua, seja ela um idioma ou uma forma inteligível e aceitável ao outro. Além disso, temos que interagir com o interesse ou a conveniência do outro, ambos manifestações de uma identidade distinta da nossa. A fala expõe a estreiteza do pensamento quando este fica restrito apenas no formato de pensar, do pensar sozinho, e nos faz perceber sua imperfeição. O encontro com o outro vai possibilitar o refinamento do pensamento em sua condição de fala. Mas é somente quando abranger também a esfera da ação que a amplitude do pensamento pode chegar a seu potencial máximo. A ação é o território onde a referência é o outro. No agir, só há o "tu". Surpreendentemente, não há "eu" no agir porque a ação tem impacto tanto sobre o outro quanto sobre o mundo. E, uma vez que a identidade assume sua ação, caberá ao outro determinar o que ela significa. Na maioria dos casos, tentaremos defender a ação fazendo uso da justificativa do "eu", o que nada mais é do que o desejo de regressão a um pensamento que seja somente pensar. Mas não é assim: quando você faz, o sujeito do "pensamento" é o outro. Quando eu faço, é o outro que se torna juiz, por mais que queiramos rejeitar isso. Não é raro que, ao sermos surpreendidos pela rejeição ou pela condenação do outro a partir de uma ação provocada por nós, queiramos evocar a opinião de um terceiro. Porém, arbitragens só podem determinar a competência e o alcance das ações, nunca a legitimidade de seu impacto. No que diz respeito à nossa identidade, a arbitragem de um terceiro é irrelevante, pois o que está em questão é a repercussão de nossa ação sobre o outro. Estamos no domínio da culpa-perdão, onde não há como buscar refúgio no pensar isolado ou no "eu" sem que, com isso, percamos nossa imparcialidade interna, e, com ela, o acesso a qualquer forma de transcendência.

Para o animal, não existe ação nesse sentido. Para o animal (e até certo ponto também para o perverso pleno), a ação pode ser incorporada (jogada para o corpo) pela parcialidade do "eu" e de seus interesses. No animal, a fala e a ação estão todas no pensar. Seu pensamento é natural e não conhece o exílio autoimposto da existência mental no pensar/falar/fazer. Ele desconhece a regra da identidade imaterial, que é a seguinte: uma vez que se faça algo, a ação não poderá mais ser mediada nem pelo pensar, nem por um terceiro. O movimento típico do *beinoni* é aquele que tenta, por via de valores, estabelecer jurisprudências para mediar entre o "eu" e suas ações. Ora, ninguém pode legitimar seu pensar na ação, somente o outro. Nem mesmo um terceiro. Aceitar isso é fundamental para o pensamento alargado. Resistir a isso é o que, em geral, nos mantém no estreitamento.

O agir, portanto, coloca sua identidade e seu pensamento irrevogavelmente na esfera do outro. E esse é um dos pilares para se estimular a capacidade de alargar pensamentos. Numa base, está a liberdade absoluta do pensar e do "eu", noutra, está a inapelável prerrogativa do outro, uma identidade distinta e possuidora de um entendimento diverso. Entre as duas, a ponte se dá pela fala. Quando você pensa, fala e faz, por aí trafegam os novos pensamentos aperfeiçoados, que são frutos de seu inevitável contato com o mundo externo e com todas as formas de alteridade. Sempre que o outro interfere em seu pensamento, não por meio de convencimento externo, mas através da troca de falas que transformam o pensar, ou por ações que contundentemente desafiam o pensar em sua essência, surgem pensamentos alargados (*gadlut*). Através deles, a alma ingressa no Mundo Vindouro das transcendências porque sucedeu algo incrível e imaterial – nossa identidade foi forjada pelo outro e pela interatividade com a vida. Com isso, se experimenta nada menos do que o próprio corolário inicial de *Pirkei Avot*, que define o "estado alargado" como o "fazer algo que é, ao mesmo tempo, para si e para o mundo". Acolher as respostas do mundo por via de pensamentos alargados é fazer algo por si e atender ao mundo. Para além dos valores, aqui se pensou engrandecidamente e de forma autônoma; forjou-se um Mundo Vindouro ao mundo físico, que é o do interesse particular. Diferentemente do animal, que no seu pensar contém tanto a sobrevivência individual quanto os instintos coletivos da espécie, vinculando suas ações, por simbiose, ao meio ambiente, como um ecossistema, o ser humano expande o território de seu pensar para o "pensar-falar-fazer" e se descola do entorno, produzindo tanto o "eu" quanto o "outro". O "eu" estabelece uma consciência do corpo e, portanto, reconhece o aparecimento da morte; o "outro" traz consigo a consciência imaterial e o pensar. Estes se alastraram para a fala e para a ação, o que denominamos de Alma. Esse novo território, descrito no *Livro do Gênesis* de forma genial, produziu um novo corpo no mundo que, para além de uma evolução funcional, progrediu qualitativamente através da Alma e de sua capacidade de transcender. Essa nova e sublime dimensão representou, por um lado, a capacidade de metaprogramar e refinar o próprio pensamento – o arbítrio imaterial da consciência (Alma Anímica) –, bem como a capacidade de intuir, prognosticar e profetizar intencionalidades imateriais da vida (Alma Divina), reivindicando para a "parte" seu lugar no "Todo". É daqui que deriva o conceito de imortalidade da Alma, vislumbrado na aptidão de se recolocar no Todo. Não mais como parte *do* Todo pela inserção na Natureza, mas como a parte *no* Todo, como coprotagonista na esfera do Todo.

A Alma Divina disporia de tal potencial de transcendência, e com ele lhe seria possível gozar de intimidade e flertar com a própria essência, com a fonte da sua existência.

Num plano mais modesto, a Alma Anímica atua na transcendência de si mesma através do pensamento ampliado. Para ela, a fala, a linguagem, é o meio que viabiliza estender os limites da transcendência ao outro. Sendo o falar a ponte entre o "eu" e o "tu", ele se estabelece tendo alicerces, por um lado, no pensar ("eu") e, por outro, no agir ("tu"). Esse pensar expandido permite acesso à Alma Anímica e ao *Olam Haba*, ao Mundo Vindouro da transcendência de nossa condição animal. O pensamento é assim alçado a outra categoria, na qual coabita em seu indivíduo também uma Alma.

Para isso acontecer, são necessárias sinapses imateriais de pensamentos alargados, que idealmente constituem as almas justas. As intermediárias, sejam elas Democratas ou Republicanas, fazem incursões neste caminho, porém, via de regra, sucumbem às suas inclinações sem estabelecer elos imateriais entre o "eu" e o "tu". Acabam capturadas por seu partidarismo, por uma regressão que não atende ao desafio de transcender. Penada em inclinações, abominada entre pensamentos estreitos, a Alma se torna um gênio enclausurado num corpo humano. Não se extingue como possibilidade, mas sobrevive apenas em latência, penando. Terá que reencarnar para cumprir seu potencial.

# 3

## ALMA E POLÍTICA

A política é um importante recurso de nossa civilização. Podemos atribuir ao progresso da política conquistas fundamentais que fazem com que a sociedade seja mais representativa e igualitária. Em sua essência, a política é uma harmonização entre o que deveria ser e o que é possível. Ela se estabelece por negociação e por ajustes para produzir o melhor resultado possível, e não o melhor resultado pretendido. Sua legitimidade emana da difícil e necessária missão de produzir meios para um fim que é sempre menor do que aquele inicialmente almejado. Sua validade e licitude, porém, são constantemente testadas pela inclinação que temos a tentar fazer com que o fim justifique os meios. Os meios (a negociação) podem alterar e reduzir o fim para permitir avanços na direção de um objetivo final, mas nunca podemos querer isentar os "meios" de sua legalidade. Justificar os meios é querer reverter ação a pensamento, e o que se inicia como uma tentativa de estabelecer pontes entre intenção, ação e o outro regride para um lugar mesquinho de interesses do próprio "eu" (pensar estreito).

Em certo sentido, por recorrer à persuasão e à influência, e por se fazer a arte de produzir "meios", a política é o epicentro do partidarismo. Do "conjunto de meios que permitam alcançar os efeitos desejados", de Bertrand Russell, passando pelos "meios adequados à obtenção de qualquer vantagem", de Hobbes, chega-se ao olhar de Maquiavel, para o qual a política se constitui na "arte de conquistar, manter e exercer o poder". Aqui, claramente se trata do poder do ser humano sobre outro ser humano. E o domínio é o caminho inverso da justiça. Ele implica a incapacidade de gerar pensamentos ampliados do tipo pensar-falar-agir. Quando ocupa uma posição extrema, o ser político não conhece o lugar da ação como a estamos definindo, porque esta última expressa a importância e a interdependência de aspectos transcendentes em nossa humanidade, os quais não existem sem o "outro". O perigo da política e do poder é que se transformem num forte instrumento para que o ser humano pense de forma estreita, ou seja, para que se restrinja em seu pensamento.

O pensamento ampliado que manifesta a atividade da Alma Anímica é, em certo sentido, o oposto da política na interação entre seres humanos. Qualquer manipulação encerra o perigo de obliterar o outro e impedir o processo de metaprogramação e autoaprimoramento do pensar humano. Essa dimensão iníqua da política aparece quando ela avança de seu legítimo direito de reivindicar e justificar novos "fins", sejam eles diferentes ou até mesmo menores, e tenta justificar os meios. Isso porque os meios escolhidos revelam a natureza de quem os elegeu e modificam a própria natureza da pretensão inicial, inviabilizando o "fim" almejado. O que ocorre com a má política é que sua parcialidade a transforma num empecilho para que o fim seja alcançado. Se, por um lado, as concessões que alteram um fim para produzir o melhor resultado possível são apenas riscos legítimos, por outro, o uso recorrente de meios ilícitos modifica por completo o caráter desse esforço, produzindo sucessões autoencadeadas de pensamentos estreitos. Com isso, o ser político se torna um indivíduo que se afasta do justo, seja indo em direção ao *beinoni* ou, em casos mais graves, ao perverso (*rasha*). Quanto mais políticos nos fazemos, mais na direção de Republicanos ou Democratas, ou de antagonistas, ou de perversos nos deslocamos. E o político deixa de transitar pelas relações transpessoais, ou até mesmo interpessoais, para se tornar um personagem para quem tudo é pessoal. A dimensão pessoal evidencia que se habita exclusivamente em pensamentos estreitos, de puro pensar.

## PENSAR E POLÍTICA – EFEITO ESTOCÁSTICO

Fomos trazidos da contemplação sobre a Alma Anímica para o pensamento, que é seu aspecto manifesto. Apontamos que os Justos desenvolvem um pensar autotransformador, ou seja, pensamentos alargados que modificam a qualidade de nosso pensar e que se autorrefinam. Trata-se de Almas-pensamentos que vão se reajustando e depurando, conseguindo, com isso, reduzir suas tendências e inclinações no exercício do próprio processo de pensar. Pós-partidários e pós-denominacionais, sua identidade se faz por uma essência dinâmica, que não se define por aquilo que se é ou pelo status quo. Essa capacitação tem implicações impressionantes no que tange à Alma Divina, sobre a qual não estamos habilitados a falar, mas tão somente resvalar por suas fronteiras. Importante ressaltar que D'us, em Êxodo (3:14), nomeia sua essência como *o Ychié Asher Ychié*, Serei O Que Serei. A identidade divina, Seu Nome, além de fluida se modifica e se aperfeiçoa à medida que se experimenta. A Criação é um aspecto desse pensamento-entidade. Ao desenvolver pensamentos ampliados que remontam uns aos outros e se refinam a si mesmos, o Justo alinha sua Alma Anímica com sua Alma Divina.

Enquanto o pensar do Justo se amplia, o pensar dos Intermediários, e particularmente o dos injustos, se estreita a cada pensamento. Quanto mais políticos e partidários são, mais se afastam de uma existência transcendente e do fluxo mutante de sua Alma Divina. A percepção de sua involução é um quadro normalmente representado pelo Inferno, um lugar feito a partir da ansiedade quando se vê que, a cada passo, se afasta do lugar desejado. Esse é o terreno onde inveja, apego e frustração (Ética dos Pais 4:21) proliferam pelo simples ato de existirem em essência oposta ao *Serei o que Serei* divino. Analogamente, poderia ser tratado como "sendo-se o que não se é".

O pensar Justo, sua Alma Anímica, tem características específicas em cada um dos quatro mundos, ampliando-se continuamente. No plano físico, honram seus sentidos; no emocional, celebram o amor; no intelectual, promovem a razão e, no espiritual, afirmam a diversidade, reconhecendo sua unidade. Trata-se de um pensar diferente daquele dos Democratas, que honram sentidos (liberdade) e celebram o amor (direitos), mas tropeçam na seriedade de compromisso com a razão (deveres) ou mesmo com o conceito de unidade (comunhão); e diferente também do dos Republicanos, que promovem a razão (idoneidade) e são mais encantados com a ideia de unidade (comunidade), operando, no entanto, com menor sensibilidade na área dos sentidos (sendo reprimidos), assim como desconfiando do amor (comportando-se como xenófobos e chauvinistas). Certamente um Republicano ou um Democrata é diferente dos injustos, que honram os prazeres (sedução-aliciamento), celebram o egoísmo (exclusivismo), promovem a falsidade (pós-verdade) e afirmam a individualidade (imunidade). Essas observações, importante ressaltar, não partem de uma leitura de ordem moral ou da esfera do certo ou errado, mas são indícios de que há mais corpo sem transcendência, e que se está mais próximo do pensamento unidimensional animal e da esfera do "eu", sem maior representação no território do pensamento ampliado, que inclui a fala e a ação.

## PENSAR E JULGAMENTO – ASPECTO EVOLUTIVO

A dimensão do pensar é o território do "eu", sendo composta pelo que é genuíno e autêntico. Acima de tudo, ela é o palco de todos os julgamentos. Julgar é organizar as evidências provenientes dos sentidos: ver, escutar e pressentir. Os dois primeiros apresentam indícios objetivos e o último, composto de um coquetel de sentidos menos definidos (odores, tatos e gostos), permite entrever e intuir. Uma vez registrados esses sentidos, o julgamento executa sua segunda tarefa, que é a de submetê-los à memória. Esta é o conjunto de todas as jurisprudências estabelecidas pelo pensamento sobre os registros passados da experiência pessoal. Estamos no sistema límbico cerebral, no interior do hipocampo. Num recém-nascido, o julgamento se constitui inicialmente apenas de sentidos. São eles que sentenciam as reações e os sentimentos da satisfação ou da raiva. A tradição judaica denomina a fagulha inicial do julgamento de *Yetser Hara*, o tal "mau impulso-tendência". Ele é um impulso-tendência porque, em qualquer julgamento, será necessário algum tipo de pendor ou de inclinação a fim de que sejam gerados vereditos e deliberações. No início da vida, a vocação de dar a um determinado sentido maior ou menor peso não traz grandes consequências ao pensar, já que o "eu", a personalidade que nos constituirá, é ainda débil e tênue. Com o passar do tempo, no entanto, essas inclinações vão encadeando traços que produzem partidarismos e padrões insistentes. Por volta da puberdade, a interação com a vida terá produzido um olhar parcial, capaz de impor graves reveses ou até mesmo a falência dos arbítrios, abrindo espaço para que surja o *Yetser Hatov*, o bom impulso. Originado pela necessidade de corrigir as distorções de nossas inclinações, ele é um outro aspecto do instinto-impulso original, o *Yetser Hara*. Este instinto, que prosseguirá agora em nossas vidas com a faceta de uma inclinação à parcialidade (do mau), não conseguirá mais dar conta do potencial de um ser humano maduro. Brotará então no espírito humano o *Yetser Hatov*, um dom cuja função é justificar e retificar seus pareceres, alinhando-os com a vida e com a realidade. É essa nova inclinação compensadora que permitirá converter pensamentos estreitos do *Yetser Hara* e ampliá-los. Desinclinar é, portanto, sua função maior, que busca tornar-nos minimamente facciosos (palavra essa que merece atenção).

O fascismo é uma disfunção radical do *Yetser Hatov*, situação em que a inclinação vem associada ao autoritarismo e à imposição de um julgamento unilateral. Não se trata de uma hiperatividade do *Yetser Hara,* mas da carência do seu antagonista (*Hatov*). Por sua natureza, o *Yetser Hara* depende de sutilizas na atividade de julgar, o que faz do radicalismo ou de posições extremadas algo que lhe é nocivo. Sua preferência é sempre pelas ambiguidades e inadequações, território fértil, onde se propaga mais naturalmente. Ele atua melhor em ambientes mais raposinos e ardilosos, e a intransigência não lhe é favorável. Por isso, a falta do Bom Impulso será uma característica mais ligada aos Injustos. Por sua vez, em se tratando dos Intermediários, os *beinoni*, o mais comum será um Mau Impulso fortalecido e um Bom Impulso igualmente reforçado.

O *Yetser Hatov* é composto segundo a mística judaica de Juízes e Conselheiros. Os Juízes são a mais alta corte de nossas políticas e representam a instância maior do pensamento em seu nível mental. Os juízes são as três dimensões da Árvore da Vida de *Chessed*, *Gevurá* e *Tiferet* – a Compaixão, a Severidade e a Ponderação. Formados por tese e antítese, eles são respectivamente representados pela piedade e pela intransigência, e são mediados pela síntese do julgamento. Sua ação produz as culpas, que são como "leucócitos da Alma" e cuja função é a de proteger a transcendência das recorrentes investidas do Mau Impulso. As culpas, por assim dizer, circulam pelo sistema de pensamento, detectando os ataques de inclinações e parcialidades. Elas poderão também, como ocorre nos agentes da imunidade física, apresentar anomalias e agredir aspectos sadios do próprio *Yetser Hatov*, gerando disfunções similares às doenças autoimunes. Mas a importância das culpas é inegável: sua natureza emana da Ponderação (*Tiferet*), que as produz a partir das incriminações, seja pelo excesso de inclemência ou pelo abuso de indulgência. São elas, as culpas, as responsáveis por balancear o julgamento, até que este alcance um refinamento que lhe permita sintonizar-se com a Alma, seu aspecto transcendente.

Já os Conselheiros, por sua vez, representam a primeira instância do pensamento em seu nível instintivo. Eles respondem pela tríade de *Netsach*, *Hod* e *Iessod*, a Ambição a Precaução e o Controle. A tese representada pela "vontade" contraposta pela antítese da "cautela" (medo-preocupação) é mediada pela síntese do "controle". Interessante notar que o controle é em si uma manifestação do desejo em sua forma ponderada, razão pela qual desenvolvemos apreço por ele com a mesma ardência de um desejo. Na esfera instintiva, o controle tem função semelhante à do julgamento. Como um baixo clero, o controle influencia a corte superior e se comporta como um "julgamento" na instância instintiva, através da continência e da repressão. Vale ressaltar também que qualquer abuso desses mecanismos pode gerar desequilíbrios que, em vez de temperança e moderação, levarão à repressão e ao recalque.

A capacidade regulatória que as culpas e as continências têm sobre o julgamento e o controle, respectivamente, dependerá sempre do mundo exterior ou, mais especificamente, do "outro". É o "outro" que estabelece parâmetros para o julgamento, determinando se uma culpa e o ato de remoê-la foram adequados ou exagerados; se a continência foi aplicada a fim de evitar uma possível impertinência ou se foi excessiva, produzindo uma abstinência desnecessária, uma renúncia em relação a algum interesse ou à própria vida. Nessa relação entre continência, impertinência e abstinência, se encontra uma importante chave entre aspectos humanos e animais em nossa espécie.

A manutenção de Juízes e Conselheiros independentes e desimpedidos para produzir julgamentos justos dependerá de constantes auditorias. Elas evitarão que sua imparcialidade seja contaminada por inclinações. Na Ética dos Ancestrais (2:4), o sábio Hilel enumera elementos que resguardam o potencial de transcendência e que favorecem o foco na justiça:

1) Não se isole da comunidade.
2) Não se sinta seguro de você mesmo até o dia da sua morte.
3) Não julgue o seu semelhante até passar pela mesma situação.
4) Não faça afirmações que não possam ser facilmente entendidas na suposição de que serão posteriormente compreendidas.
5) Não diga: "Quando tiver tempo, estudarei"; pois talvez você não tenha tempo.

Para que um pensamento não fique limitado em sua dimensão estreita, na condição empobrecida de um mero pensar dissociado de sua função ampliada de fala e de ação, terá que cultivar essas cinco "anti-inclinações" (*Yetser Hatov*).

1) Para alargar a estreiteza do pensar é necessário desvencilhar-se da pretensão de ensimesmar-se. Por mais injusto que o mundo pareça à sua percepção, reconheça a precariedade de interagir com a vida pela dimensão pessoal. O pensamento, mesmo em sua soberania absoluta de pensar o que bem quiser, tem que admitir a si mesmo enredado (*entangled*, como se diz em inglês) com o "outro". Para que seja considerado humano, o pensar tem que sair de si próprio. Sua manifestação "pessoal" é indício da inépcia dos Juízes e Conselheiros, uma vez que o fato de gozar de liberdade não o isenta do compromisso com o julgamento. A justiça só ocorre no lugar transpessoal, na síntese entre o pessoal e o interpessoal. Como a mística judaica costuma explicar, a justiça se dá na síntese entre o Divino manifesto no mundo (*Chessed*) e o Divino manifesto em mim (*Cevurá*), através da síntese do Divino manifesto no outro (*Tiferet*).
2) Tente escapar da força gravitacional de suas certezas. Elas são doutrinações combinando lógica e interesse, fabricando racionalizações que comprometem o arbítrio com convencimentos. Na ânsia por certezas, nos deixamos envolver por ilusões e nos blindamos com premissas e fundamentos inquestionáveis. Devemos cultivar a humildade em nosso sistema de pensamento, sem nunca desprezar o fato de que há muitos aspectos, que são, para nós, pontos cegos. Só assim se evita a arrogância de juízes e conselheiros que costumam induzir a um saber falso.

3) Não julgue o outro, a não ser que esteja submetido às mesmas condições. As ações do outro não se originam apenas de seus pensamentos confinados ao âmbito do pensar. As condições de um indivíduo impactam suas ações. Seus juízes e conselheiros só poderão emitir julgamentos imparciais se estiverem submetidos a essas mesmas condições. Eduque seu pensamento a considerar as condicionantes da realidade e do contexto, evitando produzir inclinações por influência de modelos artificiais em seu imaginário. Nesses modelos, longe das circunstâncias e da conjuntura, habita o *Yetser Hara*, com suas "simulações" que acabam se revelando "dissimulações".
4) Não afirme sem saber. O pensamento alargado em geral se opõe ao senso comum e ao saber instituído. Portanto, seja cuidadoso em seus rascunhos mentais para não fazer montagens abstratas e especulativas sem antes submetê-las à sua própria experiência. Não elocubre atraído por modelos teóricos, mas submeta tudo à sua vivência. Não afirme nada que não tenha provado ou sentido diretamente para não corromper seus juízes e conselheiros.
5) O pensar deve sempre estar atrelado à sua própria superação e à auditoria de algo que lhe é externo. Por "estudar", Hilel aponta que o pensar deve galgar um patamar superior. O pensamento alargado nunca se satisfaz com a sua programação recente ou vigente, mas anseia por ascender a um novo patamar atualizado e evoluído.

O aperfeiçoamento não pode depender de possíveis brechas na agenda, não pode ser condicionado a comparecer apenas quando se achar tempo. É necessária uma disciplina que esteja sempre comprometida com o aprimoramento. "É preciso encontrar tempo" – esse é o argumento recorrente do *Yetser Hara* para juízes e conselheiros, o que acaba por condicionar o alargamento. O tempo não é algo que se encontra, mas que se faz. O compromisso com o progresso e o desenvolvimento é mandatório tanto aos juízes quanto aos conselheiros.

Esses cinco pontos descritos pelo sábio mantêm o pensamento ainda em sua condição livre, mas o vinculam a um sistema intrincado com o mundo externo e com a realidade.

# O LUGAR DA ALMA –
# O TRIPÉ DO PENSAMENTO

## PENSAR NA AÇÃO –
## INTENSA CONECTIVIDADE

O momento inaugural do pensar ampliado por parte do ser humano é apresentado na narrativa mítica do *Gênesis*, mais especificamente no inseparável binômio "discernimento-culpa", durante o episódio de Adão e Eva diante da árvore do discernimento entre o bem e o mal. Nesse incidente fundador, a característica reflexiva do pensamento se apresenta como um traço básico do juízo. Seu caráter é reflexivo justamente porque reverbera uma relação entre interior e exterior. Nessa nova forma de pensamento, há causalidade e responsabilidade, e nela se manifestam dois efeitos inéditos: 1) o de se fazer algo que é imediatamente autofiscalizado; e 2) a sensação de que alguém vê o pensamento. Mais do que a nudez física, o pensamento fica nu, pois revela não só o objeto pensado, mas também o autor do pensamento. Essa revelação é apavorante ao primeiro casal porque torna visíveis inclinações e obliquidades de seus sujeitos.

Eles não só raciocinam como racionalizam ao mesmo tempo. Isso acontece porque o pensamento pressupõe um impacto político intrínseco através da elaboração de justificativas que ocorrem concomitantemente ao próprio ato de pensar. E essas justificativas são o indício de que há "ação" no pensamento. Elas representam as reverberações políticas do pensar em suas intervenções no mundo. Nesse sentido, serão entraves à justiça porque são engendradas com a deliberada intenção de substituí-la, ou até mesmo obstruí-la.

A cobra, representante das sinuosidades, é em si mesma a imagem da inclinação. Sua punição por participar do primeiro incidente da consciência é bastante sugestiva porque, segundo o texto bíblico, a serpente perde as pernas, tendo sua cabeça exposta ao pisar humano, porém ganhando a vantagem de morder o calcanhar ("*ele te ferirá a cabeça, e tu lhe ferirás o calcanhar*" – Gen. 3:15). Simbolicamente, a autonomia do livre-arbítrio oferece ao ser humano a potência de esmagar a ignorância, a ilusão e a crendice com uma pancada direta sobre sua "cabeça", sobre seu núcleo, mas lhe rende, em contrapartida, uma vulnerabilidade no lugar periférico e menor do calcanhar. A cabeça é o cerne, o calcanhar é o detalhe, o pormenor. A cobra leva a pior no âmago do pensar, mas tem prerrogativa no que tange às minudências. O diabo mora nos detalhes, como se diz, porque ele ataca pelo calcanhar do pensamento, nunca por sua cabeça. A cabeça da cobra estará sempre à mercê do intelecto, já o calcanhar humano estará suscetível à desatenção e à displicência. Quando menos se esperar, a cobra inoculará o veneno da inclinação e de suas racionalizações.

Quando tentado a realizar uma ação de alto grau de iniquidade, como assassinar alguém, por exemplo, um ser humano não encontrará maior dificuldade em acionar sua capacidade de discernimento e derradeiramente pisar na "cabeça" desta pretensão-víbora. Porém, se, de maneira capciosa e serpentina, ela investir por meio de um delito menor, relativizando-o através da técnica de fracionamento do dolo em questão, este se apresentará em porções cada vez menores, até passar pela rede de proteção do discernimento e penetrá-la. Aí então ficamos expostos à peçonha da víbora. Todo delito tem por raiz uma mentira, que é um desvio do caminho reto. Esse desvio se dá por força dos interesses que obstruem a passagem do pensamento pela via reta, obrigando-o aos desvios tortuosos e oblíquos das racionalizações. Cada componente dessas racionalizações é constituído de interdições, as quais são provocadas quando alguém se esquiva do caminho direto e exato. Em muito parecerá um "atalho", mas é o seu contrário, um desencaminhamento ou até mesmo um extravio.

Jacó é o personagem mítico na tradição judaica que personifica a sinuosidade que vincula o humano à cobra. Seu nome é a marca dessa relação porque ele nasce em disputa pela primogenitura com seu irmão gêmeo, Esaú, segurando-o pelo calcanhar. E o significado do nome "Jacó" (*Yaakov*, em hebraico) é justamente "aquele que segura no calcanhar (*ekev*)". Na personalidade de Jacó, o calcanhar representa a cobra que trazemos internalizada em nós. A questão mal resolvida com o irmão Esaú será uma porta de entrada para seus delitos, e também a fonte de muitas das mentiras que acontecerão em sua história.

Seu personagem ganha um status arquetípico porque, em vez de tornar-se um modelo de iniquidade, Jacó será um exemplo da capacidade humana de autocorreção na esfera do pensamento-ação. Anteriormente, o Criador, sem sucesso, já havia alertado a Caim que, na disputa entre ele e Abel, o irmão mais velho poderia prevalecer à sua volúpia: "*o pecado jaz à porta, e sobre ti será o teu desejo, mas sobre ele deves dominar.*" Caim, porém, não dominou seu desejo e, hesitando em pisar-lhe a cabeça, foi mordido pela cobra. O custo foi a vida de Abel. O caso dos irmãos Jacó e Esaú seria diferente e representaria um modelo de resolução de conflito por meio da contenção: no caso de Esaú, de continência física, no de Jacó, de continência mental. Esse talento mental renderá a Jacó um novo nome, o de Israel – "aquele que peleja com deus e prevalece". E a tradição verá na estrutura desse modelo – que começa sinuoso, na esfera do calcanhar, e que se supera, resgatando a primazia de pisar na cabeça em vez de ser inoculado – um exemplo da maestria do pensar humano. Jacó transforma-se em Israel, é ele mesmo uma alegoria do pensamento estreito que pode se tornar um pensamento ampliado, de um pensamento que se afasta de sua esfera animal e se aproxima de sua esfera divina. Jacó é o pensar tacanho com o potencial de se fazer transcendente.

A tradição lhe confere o dito "dê-se a verdade a Jacó" (*titen emet le yaakov*). Mas por que deveríamos conferir-lhe qualquer distinção no campo da verdade quando ele foi um dos mais notórios mentirosos do texto bíblico? Lembrando que Jacó se faz passar pelo irmão, ludibriando nada mais do que o pai, símbolo máximo de alguém a quem se deve respeito e consideração. O pai já está cego, ou seja, num ambiente sem olhar, o que reduz a capacidade reflexiva do pensar e favorece burlas e trapaças. Jacó mata seu irmão na esfera mental, roubando-lhe a bênção paterna e, com ela, a primogenitura. Diferentemente do homicídio físico, esse assassinato mental, que é o de tirar a "pessoa" do outro, dispõe ainda do recurso do remorso e da reconsideração nos labirintos do pensar-ação do ser humano. Quando alguém mata o outro no pensamento, ação bem distinta do mundo externo, mata o próprio pensador. Tudo o que oblitera o outro e, de forma ainda mais geral, que oblitera qualquer coisa do mundo, entra em mentira. E a mentira tipifica o pensamento humano. Ela reflete, por curioso que pareça, nossa responsabilidade para com o mundo. É justamente por saber das implicações reflexivas do pensar que o mentiroso oculta ou simula. Ele sabe das consequências que seu ato terá para si mesmo e para o mundo. Pensa humanamente pequeno, quando poderia tê-lo feito de forma expandida. A mentira é o sintoma de um pensar humano em estágio imaturo ou pueril e de seu latente potencial de expansão.

No entanto, o potencial para expandir-se, para tornar-se Israel em embates no campo divino, transcendente, em vez de circundar arredores do calcanhar onde imperam as sinuosidades, esse potencial só é preservado se o mentir aos outros não incluir o mentir a si mesmo. Um ser humano permanece em pensamento reflexivo, mesmo que em condição mundana e apequenada, sempre que não mentir para si quando mentir para o outro. Quando um indivíduo não mente para si mesmo, ele se coloca no lugar intermediário do *beinoni*, daquele que fez uso de uma inclinação, de uma descaracterização justa de algo, adentrando o campo da mentira. Isso é bem diferente da ação politiqueira do *rasha*, do que mente também para si e tenta produzir racionalizações que se cristalizarão como ideologias, claramente desenhadas para atender interesses. Ideologias são, em geral, inclinações que se institucionalizam.

As ideologias são estruturas sofisticadas que têm a finalidade de justificar "pensamentos-ação" específicos, blindando-os contra suas próprias precariedades e mentiras. Não é sem razão que encontrarão resistência na Realidade. Ela fustigará constantemente seus "calcanhares" expostos com investidas viperinas. Todo indivíduo sob a influência de uma ideologia corre mais risco de perder a reflexividade de seu pensamento, substituindo o espelho da alteridade por uma convicção ou por uma doutrina. Essas redes articuladas de pensamento tornam mais difícil a possibilidade de revisitar nossas mentiras e favorecem a automentira e a hipocrisia. Por ideologia, não precisamos imaginar as que marcaram a História e produziram movimentos ou escolas de pensamento, mas a simples e rotineira tentativa de nos ampararmos em algo maior do que nós para sustentarmos nossa inverdade. Na narrativa bíblica sobre Jacó, há uma passagem em que seu tio Labão o engana, trocando as filhas no momento do casamento. Eis aí uma perfeita retribuição do destino pelo fato de Jacó ter se valido da cegueira de seu pai ao se fazer trocar pelo irmão. Aparece, desse modo, um interessante detalhe sobre a mentira: quando Jacó descobre a farsa e vai tirar satisfação com o tio, ouve a seguinte resposta: "Aqui se faz assim!", referindo-se a casar primeiro a filha primogênita. A justificativa "aqui se faz assim" é uma ideologia que sustenta e justifica. Nesse sentido, a mentira de Labão não goza de arrependimento porque é validada por algo maior, externo a ele. Labão se ilude ao acreditar que sua cultura pode livrá-lo da consciência de sua falsidade. A mentira de Jacó, por sua vez, reflete uma pendência, algo mal resolvido em sua personalidade e que continua vivo enquanto farsa. O fato de sua mentira, apesar de repreensível pela ótica moral, ser parte de um processo de acerto interno, de aprimoramento, faz com que ela continue sendo um pensamento-ação por via do remorso. Ele mentiu para todos, menos para si próprio. Seu arrependimento é o vínculo com o pensamento-ação e pode não só resgatar a verdade, mas trazê-la a um patamar ainda mais valoroso. Há mentiras que engrandecem o mentiroso para além do que a verdade lhe teria permitido engrandecer-se.

Esse é o ponto-chave do arrependimento para nossa humanidade e para seu pensamento-ação. O arrependimento nunca é um produto racional porque pelo teste da racionalidade, ou da racionalização, você já passou e falhou ao tomar a decisão que o levou a uma má ação. O ladrão não se arrepende de ter roubado, o adúltero não se arrepende de sua infidelidade ou o mentiroso, de sua mentira. Essa é a razão das constantes recaídas pela via do juízo. O cenário e/ou o enunciado que levaram a determinadas escolhas podem mudar, mas a lógica-desejo que induziu ao erro continua intacta. Nossa humanidade é feita a partir da dificuldade de se arrepender e da falta de originalidade nos crimes que comete. Isso significa, então, que você nunca se arrepende do que fez, mas tão somente do mal que causou aos outros e das consequências que seu ato gerou. É o "tu" que permite o verdadeiro arrependimento ao "eu", algo que jamais teria condição de se processar no pensamento por si só. Ao causar certos "males", o pensamento não pode, a priori, destrinchá-los com acuidade. Só o outro me faz pensar como humano; só pelo "outro" reconheço minha Alma Anímica e posso penetrar o Mundo Transcendente (Vindouro). Essa interdependência é em si a definição de pensamento-ação.

O discernimento, portanto, depende sempre de parceria e nunca é algo que ocorre internamente. A diferença entre os diversos estágios de almas que mencionamos está na capacidade de evocar o "outro" para dentro do seu discernimento. Essa capacidade de "desensimesmar-se" para alçar uma esfera mais valorosa depende da resposta do outro. Trata-se, digamos, de um "discernimento para discernir", algo que na tradição mística é conhecido como *daat* – o saber. *Daat* não é a compreensão (*chochma*) e não é a inteligência (*bina*), as quais funcionam como dois olhos do pensamento. *Daat* é o terceiro olho. Os dois primeiros contemplam o exterior e produzem gnose; o terceiro olha para dentro e, por reflexão de "des-sintonias" e arrependimentos, engendra discernimento. *Daat* submete o pensamento, por mais sofisticado que seja seu aparato, a outra esfera perceptiva, o que lhe permite ser verdadeiramente crítico. Por crítico, que não se considere o ato de objetar e debater ideias a partir de congruências ou fundamentos, mas a capacidade de desqualificar a soberania do "eu" e majorar o "outro", o tu. Fazer isso é muito difícil, e é dessa capacitação que goza o justo. Sua denominação como "justo" advém da potência não animal de se justificar e se alinhar pelo "outro". Essa aptidão qualitativa do pensamento é que lhe aufere uma Alma. Podemos aqui atualizar a noção de Alma como sendo o talento qualitativo de se permitir ser para além do corpo. Ter identidades para além das fronteiras do próprio ser é, em si, uma noção de Alma como valor agregado à nossa corporeidade. Quando o cérebro identifica que sua relação com o mundo vai para além do corpo e incorpora aspectos da alteridade a seu próprio pensamento, delineia-se uma "Alma", a qual possui a faculdade de *daat*, o "discernimento de discernir" por via da sensibilidade do outro. Nesse sentido, *daat* melhor se traduziria como o senso de "prudência", e o justo teria o dom da prudência no que se refere ao direito e à retidão.

Disso decorre a curiosa discussão encontrada no *Talmude* (Nedarim, 41a) para definir qual é a máxima condição de privação de um ser humano que lhe valha a caracterização de "aquele que carece de tudo" (*choser kol*). Um primeiro sábio diz que é a daquele "que não dispõe nem de vela, nem de mesa"; outro, daquele "que não tem uma companheira"; outro ainda, daquele que "não dispõe de sal e água" e, por último, em nome do rabino Nachman, daquele "que não dispõe de *daat*". O texto exemplifica essa consideração com um ditado: "Aquele que dispõe de prudência, tudo tem! E se não a tem, então, o que tem? E se prudência adquiriu, o que lhe falta? E se prudência não adquiriu, o que obteve?"

A prudência é o item mais importante porque é um pensamento amarrado à ação. Ela equipa o pensar de forma autônoma, e assim o cérebro se descola dos aprimoramentos que ocorrem por mera expansão seja de tamanho, seja do desenvolvimento de sua capacitação operacional. A prudência habilita o cérebro a progredir em rede, conectando-o com o mundo externo e seus saberes. Podemos comparar esse processo com uma situação tecnológica: há uma grande diferença entre dispor apenas de um único computador e possuí-lo conectado a uma rede, com tudo que há na exterioridade ao seu sistema. A porta ao outro, a prudência, é tudo. Quem tem.... o que lhe falta? E quem não tem... será que tem alguma coisa?

A Ética dos Pais explicita (3:9, Rabi Chaniná ben Dossá): para todo aquele cujo temor ao pecado precede a sua sabedoria, sua sabedoria perdurará; mas para todo aquele cuja sabedoria precede ao seu temor ao pecado, sua sabedoria não perdurará.

O pensamento-ação não é apenas um processador de lógicas e métodos encontrando fundamentos em sua própria razoabilidade, mas um incrível instrumento de somar "bananas" e "maçãs" e de ser capaz de auferir pela justeza. Sua sensibilidade, apta a produzir olhares lenientes e rigorosos, é capaz de produzir jurisprudências únicas. Sua incrível potência está em identificar inclinações e subtraí-las para produzir lucidez e discernimento. Trata-se de um pensar capaz de aprender com a intenção de "fazer" em vez de aprender a fim de que algo caiba na sua teoria; de um pensar que se molda ao mundo ao invés do contrário, quando se quer fazer o mundo refletir-se à força. A reflexão do pensamento-ação, sua prudência, vem do mundo, não de si.

## PENSAR NA FALA – ASPECTO HOLOGRÁFICO

A tríade pensar-falar-agir é o tripé autotransformador que catapultou o ser humano em seu processo evolutivo. Foi ela que abriu as "portas do céu" ao pensar humano e lhe permitiu acessar um lugar transcendente, onde sua existência se virtualizou para além do corpo. Nesse tripé, há algo excepcional, pois em cada uma de suas facetas vemos o potencial do pensamento humano quando ampliado. No âmbito do pensar está o "eu" soberano; na ação, o "tu" soberano, e, no falar, o efeito reflexivo maior. No pensar humano, há um ego capaz de gerar este "eu", sem o qual não haveria a fricção necessária para esse incrível empreendimento do pensar. O "eu" produz a narrativa da ação e forja um sujeito sobre o qual é possível lapidar e aprimorar. Esse senso de si é a ignição do processo, seu primeiro movimento para produzir crítica e prudência. E a maior criação a partir do "eu" foi o "tu". O reconhecimento da alteridade é o que fará do ser humano uma espécie verdadeiramente contemplativa.

Martin Buber, um dos principais intelectuais a perceber o diálogo que temos com o mundo através do outro, falava que a consciência é apontar, na Realidade, algo que pouco havia sido visto ou percebido. Aprender, portanto, é simplesmente reconhecer algo na realidade. E, quanto mais igual e sutilmente diferente for esse algo, maior é a consciência adquirida, pois foi possível "apontar" alguma coisa. Quando esse apontamento ocorre, fica inaugurada a conversa com o mundo, e é isso que construirá a linguagem. Essa fala será a matéria-prima com a qual nossa imaginação será mobiliada. Produziremos uma arquitetura para refletir o mundo externo dentro de nós. Por conta de tudo isso, nada se faz mais contemplativo do que o "tu", esse "eu" que é essencialmente igual e diferente. Nada é tão legitimamente capaz de reverberar o "eu" na realidade do que o "tu", com seu potencial de reflexão e autotransformação. A linguagem é o que aproxima o "eu" e o "tu", e isso ocorre não pela argumentação ou pelo debate, que são os aspectos racionais do pensamento, mas sim por seu fundamental aspecto reflexivo. A fala que promove conversa não é a da política ou a do convencimento, mas a que deixa transparecer o impacto que nossa ação tem sobre o outro. Essa conversa profunda é, utilizando uma expressão de Borges, a criação de um espaço de "hospitalidade na imaginação". Quando acolhida em nós sem desencadear a defesa de nosso "eu", a fala do "tu" oferece guarida em ambiente reflexivo, revelando-se de uma riqueza ímpar. Foi através dessa linguagem que o ser humano engendrou sua extraordinária parceria coletiva; foi ela que lhe permitiu ser uma espécie "em rede", metaconsciente. Tal conquista nos fez querer ambicionar a imortalidade, algo que é mais bem representado pela transcendência do que pelo desejo de mera sobrevivência do "eu". Transcender implica deixar a si mesmo para localizar-se em algo maior.

A descoberta do "tu" como a instância de transcendência mais próxima do "eu" se deu como uma descoberta similar à da Lua, quando nos demos conta de que ela seria o primeiro lugar a visitar, uma vez fora do planeta. Estar na memória do outro ou mesmo na História do outro se transformou na capacidade de abandonar a solidão da autoclausura do pensamento. Isso permitiu que nos hospedássemos no imaginário do outro e que, de lá, nos fizéssemos refletir. Ou seja, o outro nos transforma e nos hospeda, numa transcendência humana impressionante, o que nos valeu aceder ao primeiro nível de uma Alma possível. Aquilo que desenvolve essa mágica capacidade de passear para fora de si – deixando assim o espaço "em-si-deral" para avançar sobre um território novo e inatingível ao corpo e sua silhueta – é justamente a fala.

A fala é um aspecto do pensamento e não se resume a um idioma e sua gramática. Tanto o idioma quanto a gramática são efeitos periféricos da linguagem. Martin Buber desenvolve uma filosofia sobre a comunicação, explicando que *não dispomos de uma linguagem, mas que estamos na linguagem*. O que ele tenta redefinir é o fato de que a fala não é uma "provocação" a uma resposta, mas uma "evocação" à localização na realidade. A fala não vem do aspecto racional do pensamento interessado em produzir esquemas e modelos, mas de uma verdadeira exploração da realidade por via da experiência. Essa é a diferença entre o pensamento apequenado e o pensamento expansivo: o primeiro quer produzir política através de argumentações e de justificativas, o segundo quer estabelecer contato com o mundo exterior a seu "eu" e buscar vínculo com sua Alma. O primeiro é um *beinoni* fazendo uso do recurso mental para aprender com a finalidade de instruir-se e dominar um assunto; o segundo é o *tsadik*, alguém interessado em formar-se para poder reformar-se. O intuito do primeiro é "o saber" em si; o do segundo é que o saber o contradiga e impacte suas percepções para que possa educar-se a partir desse discernimento. Um está pensando; o outro está se comunicando com a realidade e absorvendo instruções e permissões para se expandir sobre ela, abandonando a solidão do ser que tem uma consciência mas desconhece os caminhos que dão acesso a uma metaconsciência.

Quando dizemos que estamos na linguagem, reconhecemos menos valor nas narrativas em si (produto maior de políticas) e atentamos mais para a revelação dos sujeitos de nossa fala. Esse é o princípio adotado por várias escolas que trabalham com técnicas de constelação. Despreza-se a narrativa e realça-se a posição que os sujeitos e os objetos da realidade possuem. A mãe, o pai, o patrão, o amigo, o projeto ou o obstáculo são todos personagens de uma conversa profunda que não está alicerçada em ideias ou conceitos, mas no contexto e na geografia das funções reflexivas que cada um tem. Esses personagens podem ser, simbolicamente, sujeitos não personificados, metáforas destiladas da experiência de viver, e ganham existência dialógica com nosso "eu".

Esse é o aspecto holográfico do pensamento-fala, e ele se deve ao fato de que há uma intercessão entre o "eu" e o "tu" que ocorre na própria fala. Quando falamos, não estamos no território nem do "eu", nem do "tu", mas do "eu--tu". Estamos na ponte que vincula o pensar interno com o pensar externo, e que reconhece o que lhe é "apontado" desde fora. Poderíamos ficar confusos porque, aparentemente, não há um sujeito, uma identidade nossa, fora de nós. E teríamos razão, não fosse pela existência do pensamento que reflete no outro e ricocheteia de volta, hospedando-o em nós, albergando-o em nossa consciência. Dessa convivência, dessa fala de si com o "outro em si" e, também, da reverberação do nosso pensar "no outro" é que se faz a linguagem em sua particularidade humana.

Duas histórias chassídicas clássicas podem ajudar a entender essa dimensão do pensamento-fala em sua natureza holográfica. A primeira revela o quão indispensável é a identidade para que haja comunicação:

Se "eu sou eu" porque "você é você"
e "você é você" porque "eu sou eu",
então, "eu não sou eu" e "você não é você" –
e não podemos conversar.
Mas, se "você é você" porque "você é você"
e "eu sou eu" porque "eu sou eu",
então, "eu sou eu" e "você é você" –
e podemos conversar.

Para que estejamos na linguagem, e não na narrativa inclinada de nosso Mau Impulso, o outro tem que existir na qualidade independente de "diferenciado". Não posso falar com o outro que tenho dentro de mim, mas preciso acessar o outro que existe no outro. O pensamento apequenado tentará transformar o outro em um objeto mascarado de alteridade quando, de fato, tudo não passará de um "você é você" porque "eu sou eu". Essa fala entre mim e um personagem é um discursar comigo mesmo; carece da abertura e da coragem para se defrontar com um "outro" que seja real. E essa modalidade de locução, que não é diálogo, encontra parceria no outro quando este também é movido por suas inclinações a falar com o "eu sou eu" porque "você é você". Nesse tipo de interação, não há escuta porque não há conversa e, portanto, o que se produz é uma ausência de reflexão no pensamento. Em geral, este é o estado do *beinoni*, seja ele Democrata ou Republicano. Por ideologia e inclinação, o *beinoni* sempre tem, como interlocutor, um personagem opositor. E um opositor, sabemos, não é um indivíduo, mas uma figura derivada de convicções pessoais. Essa condição de dependência entre dois que interagem é sintoma de um pensamento aprisionado em si mesmo, destituído do desejo de transcender. Quando se está na clausura do próprio ser corpóreo, não há espaço para qualquer transcendência, e toda vida se encontra reduzida ao estreito espectro de buscar prazeres e evitar desprazeres. A Alma Anímica será enfraquecida, pois terá que travar constantes batalhas com suas inclinações para que estas lhe permitam alçar-se momentaneamente – como um afogado que emerge para respirar e de pronto volta a afundar.

Para ganhar acesso à sua Alma, é imprescindível que você defina, com clareza, o "eu que é eu" porque "eu sou eu". Um indivíduo se projeta no mundo da linguagem quando seu "eu" está autenticamente representado, driblando as inclinações que o outro produzirá por conta de seus partidarismos e parcialidades. É assim que a inclinação do "tu" engancha nas inclinações do "eu", e ambos ficam magnetizados pelos pensamentos apequenados. No entanto, quando ambos estão empoderados de si mesmos, podem se impactar mutuamente. Descobrem então que há vida para si além de si e se transmutam a uma esfera de outra natureza, a um *Olam Haba*, um mundo paralelo que nos era oculto.

A segunda história revela uma aptidão desconhecida pelo corpo e que servirá também como a evidência maior da presença da Alma. "Uma pessoa trouxe a seguinte questão ao rabino Pin'has de Koretz: 'Como posso rezar para que alguém se arrependa de sua conduta, sem estar interferindo no livre-arbítrio desta pessoa, caso seja atendido?' O rabino respondeu: 'Tudo o que existe no Todo também existe na parte. Portanto, em cada alma, todas as almas estão contidas. Se eu me modificar e crescer como indivíduo, eu também contenho em mim a outra pessoa a quem quero ajudar, assim como ele também contém a mim dentro dele. A minha transformação pessoal também transformará o *ele-em-mim* em uma pessoa melhor e que, por sua vez, impactará a 'minha-pessoa-nele' e isso facilitará com que o *ele-nele-mesmo* possa se aperfeiçoar. Assim, o livre-arbítrio continua preservado.'"

Conhecida como a propriedade da distribuição, a característica holográfica – de que cada parte contém em si a informação do todo – é uma boa imagem para expressar o pensamento-fala. Nosso diálogo com o outro acontece dentro de nós, assim como os outros também dialogam conosco dentro deles. Se eu me desinclino em relação a esta pessoa, ou seja, se retorno a uma identidade que não está viciada em percepções e políticas, vou impactar a pessoa que sou no outro num processo de reflexão mútua. Ao fazer isso, conversamos de fato. É assim que identificamos como parte de nós o que antes era imperceptível porque estava localizado fora de nós. Afinal, para o ser é impossível ver o que lhe é externo como se aquilo lhe pertencesse. Essa propriedade da Alma manifesta no pensamento reflexivo se dá porque ela não está no corpo de uma pessoa, mas no olhar do outro, hospedada na exterioridade de um si mesmo. Todo ser consciente contém em si mais do que a si próprio, e esse armazenamento imaterial é mágico para aquele que se vê projetado sobre o mundo para além de si.

Esse é o efeito mais impressionante da consciência: ter criado, para além do "eu", também o "tu". A presença desse "tu" em todos os que têm consciência é uma interdependência holográfica que expande nosso pensamento. E o pensamento, quando ampliado, além de transformar-se e ao outro mutuamente, possui a enigmática potência de tirar-nos do confinamento de nossa própria consciência.

Toda consciência tem, por natureza, o desejo de conversar. Ao refinar-se, descobre que quanto mais afastada estiver de si, quanto mais "desinclinada" de si, maior será sua nobreza. Claro, se o outro não estiver capacitado a esta ousada forma de fala e não a retribuir, há grande chance de recairmos no lugar apequenado do pensamento. Muitas vezes é o que acontece, e nos refugiamos na segurança de nosso isolamento: nos blindamos a fim de garantir que nossas inclinações nos justifiquem e nos tranquilizem por meio de suas convicções e crenças. Não há dúvida de que o ato de conversar é fruto da capacidade de conter medos e reforçar atrevimentos. Mas o justo encontra maneiras de falar porque, mesmo estando em modo defensivo com relação ao outro, ainda assim é possível transformar o "tu" dele em mim e, com isso, o "eu" dentro dele. Por via dessa holografia da linguagem, produzem-se mudanças que viabilizem a conversa. Para tanto, o justo terá que reduzir muito o seu "eu" no outro, a ponto de permitir que este reencontre o seu "eu sou eu" sem que isso esteja atrelado à inclinação de "você ser você".

# 4

## HISTÓRICO DA ALMA

## A PRIMEIRA ALMA – O PRIMEIRO OUTRO

A Alma Anímica é uma projeção sobre o mundo e a descoberta de que há a possibilidade de estender a vida para fora de si. Essa viagem interpessoal é marcada por riscos, como acontece em qualquer incursão que ultrapasse seu próprio meio. Será preciso, por isso, tomar providências especiais para a realização desta aventura e evitar o perigo de perder-se de si mesmo. Nessa gestão de riscos, o primeiro juízo é o de buscar o outro que nos seja mais próximo, e esse outro é a mulher. Como a Lua está para a Terra, o "outro" mais próximo a nós é a mulher.

Vou tentar traçar um paralelo com a poética e o gênio do texto do *Livro do Gênesis* acerca da criação humana: ali está uma descrição não apenas do surgimento da consciência, mas da primeira Alma. A Criação narrada no primeiro texto bíblico apresenta uma lista de etapas evolutivas partindo de um "Nada-Tudo", passando por uma sequência de separações e diferenciações que geram o Universo onde existimos. Seu intuito maior é falar sobre o despertar da natureza acerca de si mesmo, como sendo esse o próprio ato de criação. Sem esse olhar para si, o Universo não existiria porque não haveria alteridade para que qualquer coisa existisse. Na tradição judaica, esse é o conceito místico de que o Universo foi um ato amoroso de contrair-se (*tsimtsum*) para gerar em si algo que não fosse ele mesmo. A matéria-massa primordial existia sem que se percebesse. Por si só, isso indica que o conceito de existência está atrelado a algum nível de ciência acerca de si mesmo.

O *Livro do Gênesis* esboça uma obra de arte que vai do Primeiro Dia até o Sexto Dia. Sua conclusão só ocorre quando se alcança o objetivo final – a mulher. Na cadeia evolutiva, ela é o último ato divino da Criação, a cereja do bolo, a última pincelada que liberta o artista de seu compromisso criativo, permitindo-lhe o descanso. Teremos então que entender e definir o que é "mulher".

A mulher não é uma fêmea, a outra metade da dualidade que se encaixaria na formação da integridade reprodutiva. Afinal, quando ela surge, todas as espécies já contam com sua contraparte sexual, e, ao que tudo indica, a humana também. No *Livro do Gênesis*, o versículo anterior à descrição da criação da mulher diz: "E criou Deus o homem à Sua imagem; à imagem de Deus o criou; homem e mulher, os criou." (Gen. 1:27) Vemos que homem e mulher já haviam sido criados como casal reprodutivo. A mulher que será criada no segundo capítulo do *Gênesis* é uma outra entidade.

Ela não nasce da carência humana, mas de uma insuficiência do Criador. É Deus que, ao estipular os detalhes finais de sua criação, incluindo a tal árvore do conhecimento do bem e do mal, expressa descontentamento: "Não é bom – *lo tov* – que esteja o homem só." (2:18) Esse desconforto divino com uma falha em seu projeto já havia despertado a curiosidade dos comentaristas bíblicos. Logo no início da Criação, em seu primeiro dia e em seu primeiro ato de "diferenciação", Deus diz: "Haja luz, e houve luz." Segue-se então uma manifestação de deleite com sua façanha: "E viu Deus que era boa – *tov* – a luz." Essas categorias de *tov* e *lo tov*, de bom e não bom, são em si o aparecimento de juízo e de afeto no Universo.

Nesse sentido, podemos dizer que o grande efeito colateral da criação foi a afetividade ou, até mesmo, o partidarismo que a relação de apego entre criador e criatura propiciou. Essa inclinação divina teve repercussões sobre a imparcialidade cósmica. Ela também teria produzido o primeiro momento político – o de um interesse que seria a célula-mãe da existência, da consciência e, por último, da Alma, numa sequência progressiva.

Até o instante da criação da mulher, todas as demonstrações de afeto se davam após a criação de determinado aspecto. A cada dia da Criação, Deus cria e manifesta seu deleite: "e viu que era bom." É somente com a "mulher" que esse interesse se antecipa ao feito criado. Se Deus percebia, a posteriori, que algo que fazia era bom, agora aquilo que criava se antecipava e se apresentava como uma urgência, não mais como uma decorrência de algo que havia se manifestado. Essa é a concepção inicial da consciência no

Universo – *lo tov*. Inicialmente apenas reativo, o efeito agora reverbera de dentro para fora e estabelece uma vontade e uma expectativa de conveniência. Essa noção de benefício é a descoberta, em Deus, de um "Eu" que será repassado à Sua imagem e semelhança. Para Deus, houve algo entre as coisas criadas que ainda era uma ausência.

O problema divino parece ser, então, o da solidão do homem. Entenda-se aqui "homem", assim como "mulher", não pelo gênero, mas pela espécie. É a espécie que está privada de algo e que está solitária. Não é a falta de um parceiro sexual, mas da "mulher", na condição de esposa-cônjuge, como complemento de algo que é ainda ausente. Esse aspecto é explicitamente tratado na continuidade do versículo que fala sobre a solidão do homem: "Far-lhe-ei uma ajudadora idônea – *ezer kenegdo* – para ele!" O termo em hebraico é tão curioso, que demandou um neologismo para caracterizá-lo e uma interpretação a fim de traduzi-lo para a expressão "uma ajudadora idônea". Em realidade, a tradução literal do termo é uma "ajuda" (*ezer*) "contra ele" (*kenegdo*). Essa cooperação que se dá por oposição, essa valência que vem da resistência se apresenta como o outro mais próximo no Universo. A mulher não é a fêmea onde o sêmen pode inseminar a continuidade; a "mulher" é outro que estabelecerá a consciência humana numa alteridade que é parte dele mesmo, *ezer kenegdo;* é a intercessão divina no ser humano e corresponde à sua consciência e também à sua alma, sendo sua parte imaterial e desprendida de sua entidade. Esse ser maior do que si mesmo é quem pode se declarar como existente, pois percebe-se vivendo e se reconhece também no espraiar para fora do próprio ente.

Para Deus, o ser humano necessita de uma exterioridade a fim de cumprir seu potencial consciente e ativar sua Alma. Ela é uma aura no "outro", um vínculo existencial inaugurado por essa espécie. O ser humano irá agora descobrir não a sua virilidade física, mas política. A "mulher" é o atributo que o inclinará e lhe permitirá ter autonomia, liberdade e responsabilidade. Vai perceber urgências por "tov", pelo bom, e discernir entre elas coisas *lo tov*, que não são o bom. A árvore, por sua vez, já existia para o homem, e seu consumo estava interditado. No entanto, ela nunca havia sido tomada como possibilidade real. Depois do atributo-alteridade "mulher", passará a ser um destino.

O fato de que essa "mulher" é retirada de uma costela de Adão não é um preceito patriarcal e ignorante de que a mulher advém do homem (com certeza ao revés!), mas um aspecto evolutivo conclusivo de sua espécie. É de sua dimensão estrutural, de sua própria costela, que o atributo é clonado. O "outro" estará para sempre inseminado em nossos próprios genes – qualquer teste de paternidade mostrará que o "outro" é filho da consciência.

Ao estranhar-se naturalmente, o outro é a ajuda contra você. Partidário e interessado em algo diferente, o outro pode oferecer o atrito necessário para que você seja tocado e dispare em seu processo evolutivo. Durante uma conversa, o olhar e a opinião do outro clarificam sua própria identidade e o fazem mais desperto, mais consciente. Como dissemos, "des-ensimesmar-se" é a mais alta forma de inteligência. E o *Yetser Hatov*, a contrainclinação que revela as nossas inclinações e as corrige, ele é a consciência em sua versão expandida. Uma "ajuda contra mim" é o efeito incrível de acolher "outro porque é outro", por mais que seja contra mim, e de ver manifesto o "eu porque sou eu", como uma ajuda. Acordar não é um ato que se realiza internamente, mas ao se abranger e abraçar a exterioridade. Trata-se de um gesto radical de exposição ao que é alienígena e ao que é alheio porque desperta todos os sistemas de preservação e medo de que dispomos. Entra então em curso a capacidade de lidar com uma ambivalência – de que algo pode ajudar e ser contra ao mesmo tempo.

Então o primeiro "outro" é essa "mulher". Mas por que caracterizar a potência de se refletir no outro e alçar um estado mais desperto e vivo a partir da figura da "mulher"? Devemos entender que a intimidade entre homem e mulher, na figura de marido e esposa, constitui o outro mais familiar e confiável entre os personagens da vida. Os pais, em particular a mãe, são personagens por demais simbióticos – para muitos, o "parto", de um ponto de vista psíquico, pode não acontecer por toda uma existência. Mãe, pai e irmãos não são outros. Seus vínculos acontecem no cenário do lar e se fazem, se não internos, intrapessoais. Além disso, a esposa/marido, a mulher, além de não ser parente e poder separar-se do cônjuge, representa o gênero oposto. A mágica conjunção entre a intimidade e a alteridade faz da "mulher" a Lua do "eu" — o primeiro lugar a visitar para fora de si.

Sem nenhum trocadilho, a "mulher" é a Alma do ser humano. Não se trata da história do primeiro casal de macho e fêmea humanos, mas do casal "ser humano" e sua "Alma". Esse é o termo que cunhei por Alma Imoral, a mulher que levará o "eu" para as fronteiras transgressoras do próprio ser. Ela é o outro-eu, que abrirá os olhos para uma lucidez nunca antes vivida. Essa luz que se fez levará o ser humano a experimentar o mesmo que seu Criador: "e viu que era bom!" Não é por acaso que a narrativa da criação desse primeiro casal, mesmo depois de sua expulsão do Paraíso, culmina com Adão nomeando essa "mulher" como Eva (*Chava*): "Porquanto era a mãe de todos os viventes!" (Gen. 3:20) A consciência é que traz o humano à vida e o desperta do torpor animal. Eva é a mãe do humano não porque é a primeira fêmea, mas porque é a primeira Alma. Ela dá à luz o aspecto imaterial, "agenético", de nossa entidade.

## A PRIMEIRA INCLINAÇÃO – DISFUNÇÕES DA ALMA

Entender a inclinação é a intenção desta breve seção, e para tal tomaremos como modelo a primeira inclinação do *Gênesis*. Adão recebeu a informação divina de que tudo no Paraíso lhe era permitido, com exceção de uma árvore. Essa informação é, em si mesma, a fecundação do "eu" na razão humana. Ela nasce de uma discriminação, do ato de apartar-se dessa árvore, e isso ressoa e se reflete no espírito humano de forma especial. O homem devaneia sobre o porquê do veto e conjectura se isso implica sobre sua reputação. Há algo de errado comigo para que esse item do Paraíso me seja vedado? A partir desse senso de contraposição a si, como que nascido de uma punição, se desencadeia o senso de identidade "eu porque sou eu". Há uma relação causal entre a interdição e a experiência de ser que desperta o homem para sua própria entidade. A proibição, no entanto, não contém a substância da qual o ser humano quer tirar Alma e que lhe parece fornecer existência aos olhos do outro: Deus apenas reflete perigos inerentes à sua Criação, porém perigos de ordem imaterial. E o faz como um pai que adverte um filho, refletindo mais a natureza do que é inseguro do que um juízo de valor sobre ele. Há, porém, afeto nessa advertência. O Criador que se importa com sua criatura investe num vínculo que é o gancho, ou melhor, o atrito, para fazer rodar a identidade. O limite imposto por Deus estabelece a matéria-prima para as primeiras fronteiras do "eu".

Essa nova existência-desperta, prestes a povoar o cenário da Criação, aguarda um útero capaz de gestá-la. Trata-se de um efeito de espelhos que irá atravessar o cristalino do seu olhar existencial, o terceiro olho, e acabará por cravar em sua retina a imagem que o outro tem acerca de si. Quando invertida, essa imagem se faz semelhante a si própria, o tal "eu". Os rudimentos iniciais da identidade nascem, portanto, do olhar externo da interdição à árvore. Em essência, esta é a energia da *"ajuda-contra-você"* já em ação, a resistência a si que em óptica invertida produz a sensação de si mesmo. Enxergo-me por múltipla reflexão do mundo externo. O que não sou me ajudará a formar essa imagem com maior definição. A quantidade de "pixels" dependerá da exterioridade a si e da capacidade de produzir mais informações acerca daquilo que não se é, para daí derivar sua essência. A experiência é esse encaixe entre o ser o mundo, e é ela que dará perfil à Alma. Tal como fazemos com a percepção cromática, que classificamos em prisma a partir das diferentes ondas da luz, o "eu" é apenas uma representação do real. Não há cores e não há "eu" se não pintarmos a vida. O mundo externo e o interno são "visões", interpretações do real.

Ligada ao útero gerador da Alma está a serpente. Ela é o canal de nascimento, que leva do colo do útero à natividade. Esse sinuoso caminho à vida engendrará as primeiras racionalizações, as quais serão o efeito do espelho primordial do mundo passando pelo eu e seu terceiro olho. A racionalização é uma novidade que o feto traz consigo. Até então existia, na natureza, apenas a razão. Isso porque já havia espécies com grande capacidade de cálculo e argúcias de todos os tipos. Havia os que eram matreiros na caça e que se antecipavam prevendo situações, havia os que sabiam sobre o clima e também sobre tantas outras variações e ameaças do meio ambiente. Mas, para haver a novidade da racionalização, era fundamental fazer o pensamento passar por si. Para tal, era preciso que houvesse uma imagem de si que tratasse o saber de forma interesseira; uma imagem focada na conveniência e no benefício pessoal. O foco não se faz mais no atendimento à fome ou à carência, mas a si. Esse empreendedor de si dará um salto evolutivo, e seu progresso se destacará em comparação às outras espécies. E a serpente, com sua sinuosidade, faz o saber percorrer uma serpentina de identidades que reconfiguram e reformatam o pensar para que este possa, em última análise, atender aos interesses de seu portador. Esse tempero entre inteligência e interesse se destina não à leitura da realidade ou ao seu simples entendimento, mas à situação apreciada à luz do proveito pessoal. É isso o que determina uma Alma animal (anímica), um ser de existência para além do corpo. Quão mais próxima do real e mais avizinhada de minha vontade puder ser a análise, mais vou esposá-la. Esse casamento com o mundo, mesmo que manifestando malícia e desvirtuamento, atende melhor ao resultado e à vantagem se comparado ao acolhimento da natureza em sua forma nua e factual. A narrativa e a versão serão os grandes instrumentos de conquista da espécie humana. Elas produzirão paixões e partidos e terão adesão absoluta porque escondem em suas entranhas nosso próprio interesse pessoal. Nossas narrativas serão um eficaz instrumento de sobrevivência. Só esbarrarão em problemas quando, por distanciamento da realidade e por corrupção excessiva, nos expuserem aos perigos inerentes a maquiar-se a realidade recorrentemente. Mas, verdade seja dita, até o presente momento, a exuberância de riquezas do meio ambiente permitiu que as ideologias produzissem tecnologias que não ameaçassem de forma contundente o coletivo da espécie. Ao contrário, as ideologias ganharam espaço político sobre a realidade e colocaram-na a seu serviço. Hoje, no entanto, apontam ambientalistas e filósofos, tal estratégia é colocada em xeque: a conta a pagar está chegando. E, além disso, mesmo não tendo causado ameaças derradeiras à espécie até agora, essa tática responde por incalculáveis atos de violência e disfunções de nossa condição. Essas anomalias serão sempre os efeitos colaterais de estratagemas e de suas manobras sinuosas e serpentinas. É da estratégia, do ventre da serpente, que se gesta a inclinação.

O *Livro do Gênesis* descreve essa origem – o surgimento do primeiro ser com Alma, de uma entidade que carrega em si o reflexo do mundo, fenômeno que lhe outorga autonomia. Essa existência, que transcende a esfera orgânica, tem sua concepção a partir da proibição: é a proibição que gera o espelho primordial para a emancipação humana. Ela é seguida do serpentear da serpente, num processo de fermentação da personificação e no parir da mulher. Essa "mulher", tal como a própria serpente, é um componente da múltipla reflexão mental do pensar humano. Ela é assim descrita pelo Izbicy Rebe: "A mulher (esposa) é a parte de você que dá permissão e direção para que possa romper com a lei (*Torá*) e com o estabelecido." Todos têm uma "esposa", seja homem ou mulher, pois trata-se de um conceito. E acontece até o fenômeno de que, para alguns, a própria mulher se faz passar por esta "esposa-conceito". Mas, para que o nascimento possa acontecer, entra em cena o "homem".

# O ESPELHO FINAL – A NEGAÇÃO
## (A ALMA NUM CORPO POLÍTICO)

A participação de Adão, o homem da narrativa, também aponta para um "homem-conceito". Adão havia ouvido diretamente do Criador a proibição e permaneceu calado durante o episódio do fruto da árvore. Pior, havia sido ele quem nomeara todos os animais, inclusive a cobra. (Gen. 2:19) E ele a havia denominado como *nachash* (serpente, em hebraico), que significa "conjecturar" ou "calcular". Adão sabia que a serpente tinha a essência da artimanha, do ardil e da sutileza. Adão sabe muito, sabe sobre a interdição de forma direta e sabe que o meio pelo qual serpentina seu pensamento tem uma forte componente de intencionalidade e malícia. Ele sabe que há dualidades e fingimentos elaborando sua percepção da realidade.

Quando confrontado pelo Criador, Adão se esconde e tenta se encobrir por entre as folhas da figueira. O ato de se ocultar demonstra sua vulnerabilidade e seu constrangimento, porque ele se dá conta de que foi enganado. Interdição, cobra e mulher foram as etapas evolutivas da primeira inclinação-racionalização a ser consumada. Adão poderia reverter tudo e abandonar essa trilha parcial e tendenciosa. Bastaria revelar ao Criador, e sobretudo a si mesmo, seu equívoco denunciado pela própria vergonha. Não é mais Deus quem está apontando o dedo a Adão: ele não percebe, mas subjetivamente seu desconforto é interno. O fato é que tudo está muito claro para Adão e a encruzilhada está diante dele. De um lado, o retorno; de outro, o parto definitivo, a cisão com uma ingenuidade nunca mais disponível. Como diz o rabino Hershy Worch: "Em vez de ter um momento do tipo 'Ãhã, então era isso que Deus queria que eu aprendesse...', Adão tem um momento do tipo 'não-foi-minha-culpa', desencadeando, com seu equívoco, uma sucessão em série de malogros."

A desconexão entre o que Adão sabia e o que fez com o conhecimento engendrou a primeira negação. A troca da verdade por um novo produto refletido tantas vezes quanto se fez necessário a fim de borrar e definitivamente apagar seu erro e inocentá-lo expulsou-o definitivamente do paraíso da inocência. Foi assim que Adão apartou-se dos pensamentos que não conheciam tendência e não eram arbitrários. Estes serviriam, a partir de então, a um novo senhor. O equívoco não era o pecado – o pecado foi a criação de um novo personagem que teria que sair ileso e redimido do episódio. Iludido de que seu novo recurso, a racionalização, seria um fantástico instrumento de preservação e sobrevivência, Adão sai falsamente empoderado sem saber que é um perigo para si mesmo. Segue trilhando pelo caminho novo e solitário de seu ser tendencioso e faccioso. Sua narrativa agora é o seu mundo. Da natureza emerge um ser político que tem como habitat não mais o Todo, mas o lugar do parido, repelido para dentro de sua própria ficção.

Assim nasce o primeiro "partido" – o que partiu por sua própria narrativa. O ciclo "interdição, serpentear, mulher e homem" cria o primeiro autômato, um corpo com Alma política. Do mundo dos instintos que atendiam a uma agenda da vida aparece um ser que irá produzir suas próprias prudências. E estas serão, para sempre, ambíguas. Serão em parte nossa maior presença, em parte nossa maior mentira. A coletânea desses marcadores nos empurrará para o mundo dos Democratas ou dos Republicanos, dos rigorosos ou lenientes, e dos partidários de qualquer coisa. A caracterização da palavra "parte" se fixou em nossa identidade como uma maldição: somos uma parte e pensamos como uma parte. E justamente nessa condição de "parte" é que nos é temporariamente emprestado o senso de uma existência desperta.

A árvore do Bem e do Mal não era uma árvore de dualidade, era uma árvore apenas do Bem. O Mal entra como escolha, como a malícia que tinha por recompensa e punição a identidade. Izbiczer Rebe revela isso quando muda a pontuação do versículo bíblico: "De todas as árvores comerás, e da árvore do conhecimento do bem e do mal, não comerás." Ele escreve: "De todas as árvores comerás, e da árvore do conhecimento do bem [também]. E da do mal, não comerás." Ao fazer essa modificação, o rabino revela que os espelhos da racionalização já estavam posicionados na mente humana. E que nunca houvera uma proibição. Ela é entendida como tal porque o ser humano já via claramente sua alma projetada sobre a vida. Na malícia estão misturados a lucidez e o devaneio. O trabalho árduo e constante será, então, o de ver a vida em toda a sua coloração, evitando distanciar-se demais da realidade. Assim se evitará que esse instrumento político se torne sua própria alienação em vez de permanecer como uma vida mais desperta.

É tempo de dieta, de regimes para lidar com o partidarismo – a parte que a Alma funda funde (com o corpo) e confunde.

# 5

## REGIMES AO PARTIDARISMO

# CONTRADIZENDO A SI MESMO – UMA *AJUDA-CONTRA-SI*

A Alma existe porque para o ser humano foi criada uma esposa, uma *ajuda-contra-si*. Esse é um dos aspectos mais importantes do nosso pensar. Em condições saudáveis, o pensar é "contradito" quando escolhemos ir contra os próprios interesses. Toda vez que somos capazes de nos contrapor a eles, sendo esse gesto parte de nosso interesse, a "esposa" será acionada. Ela tem, e não por acaso, as mesmas características do cônjuge humano, que além de procriar tem como função contrapor-se a si por meio da intimidade. E a intimidade sempre estará associada à essência da Alma. Mais do que ser o "eu" do Ego, do aspecto interesseiro e narcisista de nossa identidade, a Alma é a consciência de si, algo que advém da intimidade com o próprio ser. Essa relação de familiaridade para consigo é, de alguma forma, a consciência. E a grandeza desta se manifesta quando ela é capaz de transcender o amor à sua própria imagem, ampliando-a para além do lugar pequeno das reflexões.

O espelho que encanta Narciso é o espelho do pensar. Escapar desse lugar é deixar o âmbito partidário e se aproximar do justo. O justo estará sempre casado, esposado, com sua ajuda-contra-si. Se analisarmos por um momento o casamento, veremos que sua vulnerabilidade resulta disso: ele tem como substância a intimidade, e é por conta dela que nos casamos. Sua função maior é descortinar-nos a nós mesmos, aprofundando e revelando novas dimensões de nosso ser. Um casamento oferece maiores consciência e personificação, mas se enfraquecerá sempre que não conseguir suprir isso. Por vezes, o desafio ao casamento será o de resistir à rejeição narcísica deflagrada por se temer a intimidade, já que esta expõe não só o corpo e sua sexualidade, mas a nudez das inclinações e as reverberações espelhadas do pensamento. No primeiro caso, a esposa teria sido incapaz de produzir a paixão necessária para contrapor o torpor e o hipnotismo gerados pelas inclinações. Ela não conseguiria ativar o *Yetser Hatov*, a "desinclinação" que qualquer paixão (a parcialidade ao outro) produz. Estar apaixonado é anestesiar o narcisismo. O outro se faz, mesmo que por um curto período, mais importante do que eu mesmo. Nós nos enganamos quando achamos que as demandas da paixão em investir na aparência e ostentar qualidades é um ato narcísico. Muito pelo contrário: trata-se de um desesperado ato para a reposição da autoestima, já que se impôs uma total menos-valia a si próprio pelo fato de o outro ter mais importância do que o "eu". Nesse lugar esposado, coisas incríveis podem acontecer com a consciência.

A outra ameaça ao casamento decorre justamente da exposição à intimidade. Nesse caso, prosperam as suspeitas em relação à esposa – de que ela irá revelar ao mundo a nudez e o constrangimento do marido. A esposa nos lembra de todas as inclinações de que lançamos mão em nossas vidas. Saímos então do aspecto potente que existe nesse lugar de intimidade e experimentamos esta última como um sentimento repressivo e inibidor, tal como foi vivido por Adão, que se escondeu da própria consciência. A mesma esposa que lhe traz o discernimento é aquela que o coloca em vergonha. Um casamento que vai mal porque vexa e humilha o cônjuge representa um *Yetser Hatov* cujas inclinações e narcisismos são uma ameaça real. Tal esposa oferecerá a sensação de que está dissolvendo sua existência em vez de torná-la mais nítida e desperta. Essa "esposa" perde a capacidade de fazer o cônjuge refletir mais – ao contrário, traz a ele constrangimento e uma autoimagem pior.

Sejam quais forem os desafios da "esposa", a Alma dependerá de anteparos e resistências para se nutrir. A partir deles, se constrói um senso de justiça, que é sempre a capacidade de se domar os interesses. E deles se fortalece a resiliência pessoal, que é a superação das dores e dos incômodos que possuir uma imagem de si produz. A justiça empodera a pessoa com maior lucidez e existência; e a resiliência diminui o senso de "sofrimento" do "eu", permitindo que se possa transitar mais afirmado e com menos vergonhas. Quanto mais inclinado for um ser humano, mais débil ficará sua imagem refletida; quanto menos confrontado pela ajuda-contra-si, mais distorcida será a sua própria imagem. Em situações extremas, alguém apartado da justiça e da resiliência pode chegar ao limite de tornar-se um desalmado: uma pessoa que permanece escondida atrás da figueira com medo de se encontrar. Ocultada e clandestina na própria consciência, sua vida se debilita e perde autonomia. Essa pessoa pode, às vezes, dissimular, dizendo a si mesma que "faz tudo o que quer". Quando, no entanto, olhamos com maior atenção, vemos que há falta de querer, porque não há verdadeiramente uma pessoa habitando um corpo. Esse zumbi não tem "esposa" e, por não conseguir abandonar por completo sua capacidade de refletir, nunca poderá retornar à simplicidade animal. É assim que se fará um fantasma, sendo este o grande pesadelo da consciência. O zumbi é o *rasha*, um personagem tão inclinado, tão parcial, que fica no limiar de perder a própria alma. As fantasias favorecem o aparecimento de fantasmas em função da perda da capacidade de reflexão – como num espelho infinito, apesar de super-refletidos, ficamos mais indefinidos. Como nenhum ser humano consegue regredir ao lugar paradisíaco onde não há reflexão, sua única saída é andar pela vida vestido de partidos, ideias e fundamentos sem os quais, em sua fantasia, se desfaria em pó, como um bom zumbi. Esse playboy existencial não quer qualquer resistência a si, e a ideia de uma "esposa" lhe parece obscena.

A esposa também é o personagem que nos fez sair da casa de nossa mãe. Talvez daí advenha a escolha feminina desse personagem para representar a Alma na tradição. A esposa nos faz, por ousadia, romper com a casa e o animal original e nos oferece uma independência próxima ao pecado.

Ela nos dá asas para sair da família, mas é também a constante lembrança de nossas iniquidades. Ela é acima de tudo uma marca do crime de nossas "negações", e também de nossos temores. Fugir dela não nos permitirá voltar à casa materna, e assim o que nos restará será apenas a opção de uma vida "escondida". Todos terão que se contradizer e ultrapassar o medo de expor de nós o que, por mérito e verdade, deve ser contradito. Então a esposa-Alma será a "mãe de toda a vida", de todo o possível despertar.

Partidarismo significa torpor e significa o "eu" acima da consciência, num pensar sem Alma. A fim de vencê-lo e sair de sua inclinação, o indivíduo terá que acolher a proposta da esposa. Para tal, terá que encontrar antídotos ao medo e à negação que o mantêm escondido em ideologia, atitudes facciosas e proselitismo.

## MEDOS E NEGAÇÕES – REPUBLICANOS E DEMOCRATAS

|         | Republicano              | Democrata                |
|---------|--------------------------|--------------------------|
| **Medo**    | De ser tolo              | De ser perverso          |
| **Negação** | "Não posso" não, não quero! | "Não quero" não, não posso! |

A autonomia humana implica saber fazer a correta gestão de si em relação à realidade circundante. Para tal, duas preocupações políticas são basilares à consciência e se manifestam no ambiente reflexivo sob a forma de medo e negação. Elas espelham, certamente, as escolhas primordiais da natureza animal – arbitrar entre submeter-se ou confrontar. Democratas e lenientes tendem à submissão, Republicanos e rigorosos tendem ao confronto. Ambas as reações são produtos do medo. Quem se submete e quem confronta estará sempre agindo estimulado pelo medo. Essa emoção determina importantes processos para a sobrevivência de um indivíduo. Invariavelmente, o medo é o primeiro comando do pensamento. Ele dispara uma série de alertas e nos põe em estado de vigilância, algo que se confunde com o próprio senso de estar acordado e no controle da situação. Quanto mais acautelados, mais disponíveis parecemos a nós mesmos. O medo-alerta nos dá segurança porque nos garante que estamos presentes; poder contar consigo mesmo é o primeiro item do instinto animal.

No entanto, o excesso de medo tem efeito contrário e pode diminuir a chance de sobrevivência de um ser. O medo paralisa e nos faz pender, de forma recorrente, para a solução em que somos mais hábeis. Se, por exemplo, nos convencermos de que somos bons na fuga ou de que o assujeitamento é nosso mais eficiente recurso, assumiremos, diante do medo, posturas e condutas de evasão automática ou de submissão. O contrário também pode ocorrer: se tivermos um impulso padronizado para atacar diante do medo, estaremos inclinados a assaltar. No entanto, esse componente animal de nosso comportamento ganha outra qualidade diante do pensamento humano. A Alma que nos habita depende da capacidade de nos perceber tanto interiormente quanto externamente. Nossa imaterialidade nos enxerga como personagens e, a partir desta condição, modifica esse medo estrutural. Nossa presença altera o ambiente de tal maneira, que a prioridade política não é mais a simples sobrevivência animal, mas nossa sobrevivência pessoal. Nessa relação diante de nosso olhar para nós e para como o mundo nos olha, substituímos, respectivamente, o medo que submete e o medo que confronta pelo medo de sermos perversos e o medo de sermos tolos. O medo que faz o Democrata se sujeitar é revertido, em sua consciência, para o medo de ser uma pessoa má, incapaz de conter a inclinação a si mesmo e atender apenas a interesses particulares. Já o Republicano converterá seu medo propenso ao ataque em temor de estar sendo tolo, de não conseguir representar seus interesses à altura de sua identidade e amor-próprio. O primeiro teme faltar ao outro e se fazer menor, o segundo teme faltar a si e se fazer menor. A identidade política deles fica assim intimidada, e ambos agem por inclinação.

Poderia parecer também que os Democratas, temendo não ser corretos, politicamente corretos, estariam em patamar moral mais elevado que Republicanos, cujo foco seriam os próprios interesses. Mas isso seria um equívoco, já que ambos atendem aos próprios interesses – a diferença reside apenas na busca de benefícios distintos. O temor de ser perverso não é a atitude do justo que não atende a espectadores externos. O justo não usa a consciência para mobilizar o pensamento-ação pela intimidação da culpa. Tanto Democratas quanto Republicanos defendem sua imagem e agem, como acontece quando se está afetado por uma inclinação, de forma partidária – atendendo à sua parte, ao que lhe é privativo. O medo democrata, de desfigurar sua identidade e ser apontado como malévolo, e o medo republicano, de ser apontado como um otário, são vergonhas idênticas. Em ambos os casos, o que mobiliza o pensamento é o constrangimento. O lugar protegido da gratificação de não ser perverso, ou de não ser tolo, despreza a autonomia, revelando humanos escondidos atrás de árvores, tentando cobrir sua indignidade. Desarmar tais medos é a missão da Alma a fim de reafirmar aspectos imateriais e transcendentes da entidade que somos. Ela, no entanto, se conecta a um corpo e a uma identidade justamente por via dessas inclinações. Sua função é ser uma ajuda que contraria, e seu sujeito será eternamente atrelado à consciência de nossas vergonhas. Estas fornecem à Alma propriedades existenciais pelas quais ela se materializa. Nossa Alma deseja desarmar equívocos que nossa consciência já conhece, às vezes por toda uma vida: vergonhas que nos acompanham como fantasmas, capazes de revelar a parte de nossa vida que é assombrada; vergonhas guardadas para ser desmontadas por pensamentos ampliados. A parte assombrada é a matriz de novos despertares, permitindo à imaginação humana produzir pesadelos acordados. Dissimulados de macabros, esses pesadelos não são outros senão as resistências da "esposa", que tenta desemaranhar medos. E já que a consciência não processa medos sem antes os racionalizar no feitio de uma inclinação, é assim que eles se apresentam.

Por sua vez, a negação fundadora da Alma, e que lhe permitirá fazer-nos resistência, é sempre da ordem de uma potência ou de uma impotência abdicada. Essas negações básicas são mentiras fundadoras que nossa consciência engendra e que nossa Alma conhece. Significam algo que poderíamos fazer, que nos era importante e não fizemos, mas também coisas que não pudemos fazer, mas sobre as quais, nos enganando, dizemos que não queríamos ter feito. Em geral, Republicanos constroem mentiras de que "não podem" quando, em realidade, "não querem". Democratas, por sua vez, tendem a mentir para si, dizendo que "não querem" coisas que "não podem".

Compreender essas tendências requer um pouco mais de apreciação. A racionalização típica de um Republicano é a de se proteger de alguma argumentação que possa fazer sentido, mas que possa ferir seus interesses. Ele tenderá a sacrificar sua verdade para atender a seu princípio. Sua manobra política passará por caminhos que parecerão hipócritas aos olhos de um observador, e ele não terá escrúpulos de renunciar a seu compromisso com a transparência. Fará isso em nome do rigor, racionalizando que não está faltando com a verdade, que não está produzindo falsas informações, porque seu compromisso com a integridade lhe demanda este tipo de salvaguarda. Essa é a atitude típica de muitas religiões ou escolas de pensamento que não admitem exceções ou precedentes, com a desculpa de que, se o fizerem, irão ameaçar e desmontar um dado sistema, uma instituição ou um fundamento. Seu rigor é utilizado para legitimar sua racionalização. Assim, o Republicano, sem nenhuma parcimônia, dirá: "Sinto muito, não posso aceitar o que você me diz." No entanto, não se trata de "não poder" e sim de "não querer". E a consciência registra essa negação. Ela irá ameaçar despir um Republicano toda vez que ele, ao longo da vida, tangenciar qualquer aspecto relativo a esta questão. Esse é seu crime, lavrado pela consciência como uma inclinação voluntária. Não é raro que a inclinação ganhe contornos de corrupção, já que, em nome de pretensas escusas, algo ilegítimo foi esposado. Essa será mais uma conexão de Alma, já que a ficção que se impôs à realidade, além de ser uma narrativa política, uma inclinação, instaura uma potencial vergonha.

De forma análoga, Democratas tendem a optar por uma negação do tipo "não quero", quando, na realidade, "não podem". Para proteger seu compromisso com ser correto e benévolo, esse indivíduo assumirá incumbências que não pode realizar. Muitas vezes, ao manifestar o desejo de querer fazer algo, ele encobre o fato de que não pode fazê-lo. Ou então recorre à racionalização de que "não quer" para não ter que admitir que não teve competência para realizar determinada coisa. Na tentativa de agradar o outro e de atendê-lo com leniência, infringe o que não pode fazer e atua onde não tem atribuição para agir. Sua inverdade estará em não haver compromisso com a ação, e sim com o resguardar da própria imagem. Crianças cujas Almas estão engatadas no modo Democrata em geral se recusam a brincar, estudar ou enfrentar algum desafio, com a desculpa de que "não querem". Mas suas consciências registram a verdade: "não podem." A negação dessa impotência será carregada e será também material para vitaminar a Alma: ela terá vigor para, eventualmente, desemaranhar importantes aspectos da vida.

A *anima*, que dá silhueta a nossa identidade imaterial e semblante a nosso ser mais profundo, é um retalho de todas as tentativas de mentir e das tratativas de negar. Um Democrata tem seus embaraços na tentativa de não ser perverso e de fingir querer ou não querer o que não pode. Já um Republicano terá seus pudores na tentativa de não ser tolo e nas tratativas de não poder algo que, em realidade, não quer. A consciência registra tudo isso ponto a ponto, e assim ganhamos nitidez para além do corpo físico. Na imaturidade e ingenuidade do Paraíso, só restaria, como alternativa, se esconder. Na maturidade e na justiça, cada registro é um potencial elemento para ampliar e despertar ainda mais a consciência. E, quanto mais nitidez ganha a consciência, mais resplandece a Alma. Ao lidarmos com estas inclinações e facções em nós mesmos, podemos experimentar a transcendência que nos faculta existir em outra esfera – o *Olam Haba*, o Mundo Vindouro, onde nossa justeza excede em identidade o próprio corpo. Aí está a Alma!

## DESARMANDO MEDOS – PLASTICIDADE

Os temores de ser "tolo" ou "perverso" são característicos de qualquer movimento de emancipação. Esses receios, típicos da autonomia, estarão onde quer que se trilhe um caminho próprio e único. Essa é a diferença entre a independência que busca se afirmar por ser "especial" e a que visa empreender pela qualidade de ser "único". Quem quer ser especial nunca se torna livre e soberano porque o olhar do outro é um elemento essencial. Assim, a pessoa sempre buscará aprovação e validação. Afinal, o efeito reflexivo que permitiu fundar o "outro" também o transforma na maior ameaça ao "eu". A possibilidade de projetar-se sobre o outro criando Alma é um caminho recíproco: isso significa que o outro também tem a mesma potência e pode se projetar sobre nós, ativando nosso mais profundo sistema de defesa da identidade.

O temor-vergonha de Adão que sustenta tanto a vergonha democrática de ser perverso quanto a republicana, de ser tolo, se baseia na expectativa de ser especial. Adão tem pouco jogo de cintura, pouca plasticidade, e perde a graça diante dos efeitos inesperados de seu acesso à consciência. Momentos de ousadia demandam plasticidade porque o enrijecimento não favorece andar pelo terreno acidentado de um caminho ainda não trilhado. Para se aventurar evolutivamente, portanto, é necessário ter o que os rabinos chamavam de *chutzpa klapei mala*, audácia perante os céus. Audácia essa necessária para permitir que o "eu" aceite deixar de ser momentaneamente uma imagem, abrindo mão de sua representação instantânea, amoldando-se para reaparecer para si mesmo de forma ainda mais nítida. No hiato de seu sumiço, o mais comum é sucumbir à tentação de buscar imagens passadas ou imaginadas.

Nesses casos, o vazio a que nos apegamos e o inexistente no qual buscamos refúgio têm como consistência o medo. É ele que nos oferece a textura e a solidez que irão resgatar a sensação de presença e de estarmos vivos. Para nos desvencilhar de tais temores, teríamos que preservar a plasticidade de nossa identidade, de forma a desarmar a reação do medo ou mesmo da negação que a ele se segue. O comportamento de enrijecer, ao invés de flexibilizar, endurecendo no momento em que é preciso ter elasticidade, é causa de dolorosos estiramentos à Alma. E essas mesmas contusões serão parte integrante de sua imaterialidade.

Essa plasticidade é uma demanda paradoxal pela integração entre leniência e rigor. Tudo o que é elástico produz efeitos integradores, do rijo e do vergável, do maciço e do brando. Vamos tentar entendê-los também como uma propriedade do pensar humano e de sua Alma. Porque, para lidar com a Árvore da Sabedoria do Bem e do Mal, não basta incorporar a esperteza de saber discernir entre o "bem" e o "mal". Tal esperteza tem a tendência de aproximar, perigosamente, os valores dos interesses. Em sua qualidade humana, a reflexão significa, no entanto, colocar os próprios interesses sob o escrutínio e o crivo do "bem" e do "mal". Esse é claramente o objetivo maior da evolução humana e de seu estágio de despertar. A crítica a si e a desconstrução de sua própria imagem são esse aspecto plástico. A Alma, muito mais do que o corpo, tem essa propriedade de modelar-se sem perder a estrutura e a compleição.

Quando hoje a ciência tenta criar inteligência artificial, essa é uma questão que aparece claramente. Queremos desenvolver automóveis que tenham a capacidade de tomar decisões e evitar acidentes, mas será que tal máquina interessaria a algum comprador? Digamos que o carro saiba fazer a escolha moral de não atropelar e salvar a vida de dois transeuntes em detrimento de sacrificar o próprio motorista: quem compraria esse tipo de veículo? Há realmente inteligência sem um senso ou uma finura moral? Quem gostaria de ter uma Alma que fizesse escolhas em confronto com seus interesses? Em geral, o cérebro é apontado como o centro de gestão de nossa vida e de seus interesses. Como concebê-lo sem que ele queira apenas o meu bem?

É desse material, dessas apreensões, que são feitos os medos. O Democrata não quer que seu cérebro seja "perverso" porque o qualifica como uma máquina de tomar decisões inclinadas a si. Sem questionar a eficiência desse modo operante, o Democrata se faz um diplomata, alguém que possui um discurso politicamente correto que desaguará em um tipo de querer que não é realizável, ou seja, para o qual não se tem "poder". Temendo que sua imagem seja associada a seu cérebro, essa é sua vergonha. Falta a ele plasticidade para dar ao cérebro outra ilustração que não a de uma dura e inflexível máquina. Sua Alma é sua esperança porque o vexa produzindo incômodo e busca. Mas paradoxalmente ela é, como tudo que tem a condição de imaterial, o que lhe falta. Lembremos que a Alma é a esposa, a metade contra, a parte que faz oposição ao status quo de nosso pensar.

De forma inversa, o Republicano tem medo de ser tolo porque sabe (sua Alma sabe) que o desejo rígido de ordem é um recurso ineficaz para atender à demanda do pensamento humano. Ele sabe que sua Alma constantemente lhe apresentará uma aspiração por plasticidade. Por isso, teme que ela o seduza e o leve a ser trouxa, a ser um idiota perante o olhar de seu cérebro partidário e sectário de si próprio. No entanto, o esforço por não ser tolo é a evidência de que nele habita uma plasticidade que não consegue sufocar. Ela está ativa e ele tem que policiá-la para produzir o que lhe parece ser o seu interesse.

A plasticidade está no desejo de intervir em si mesmo em vez de adotar, de maneira proselitista, a narrativa dele mesmo. Minha imagem só pode refletir outra mirada, outro olhar, quando sob desconfiança: estou subvertendo o espelhamento do real? "Não seja ingênuo", diz o Republicano à sua Alma, na tentativa de fazer da malícia um antídoto à tolice. A negociação interna, porém, revela embates.

O que fica claro para Adão é que, após comer da Árvore, seu olhar se lança não só sobre o mundo, mas sobre si mesmo. Discernir entre "bem" e "mal", ou mesmo saber intelectualmente reconhecer o "mal" que se camufla de "bem", e vice-versa, não representa grande valor evolutivo. O que Adão não esperava era a ideia de que nós próprios teríamos nossos interesses investigados por possíveis corrupções ou desvirtuamentos. Adão não esperava enxergar suas inclinações. Desconcertado, ele não sabe como acolhê-las, já que elas parecem ser "contra" ele. Essa sensação de "tiro no pé", de ter feito algo que é prejudicial a si mesmo, responde pela tentativa de rejeição, ou seja, ela aparece na estratégia imatura de se esconder. Nesse caso, o comportamento é como o de uma criança, que espera ouvir do Criador: "Eu não falei? Não te disse para não fazer?" Realmente, o discernimento entre o "bem" e o "mal" é uma faca de dois gumes. Seria ela interessante para a sobrevivência e de interesse do ser humano e de sua espécie? Como comportar-se diante de um ato autônomo em que perpetrador e responsável são o mesmo sujeito? A criança tentará separar este sujeito único em duas figuras e apontará: "Foi ele!" Ele quem? O que Adão não compreende é que se fazer responsável com plasticidade não tem como consequência apenas o arrependimento ou a rebeldia pela "arte" obrada, mas o surgimento de uma outra via para responder por sua autonomia. Falta-lhe a audácia aos céus.

A tradição chassídica tem um belo conceito sobre plasticidade retirado de duas expressões do *Livro dos Salmos*. Na primeira, "Momento da Vontade de Deus" (69:14), o discernimento parece coincidir com os propósitos da realidade; na segunda, "Momento de Fazer para Deus [revoguem sua Lei]", parece estar em divergência . A primeira se refere a todos os momentos de racionalização em que podemos fazer convergir a nossa vontade com a vontade de Deus. Sim, há momentos em que interesses e realidade parecem caminhar juntos. Porém, quando isso não acontece, para Adão parece existir um único impasse: ou a honestidade da contenção de si mesmo para fazer o "bem", ou o pecado de não acatar o senso externo. Esse é seu dilema diante da interdição de comer da Árvore e do fato de não saber o que fazer após ter imposto seu desejo ao desejo do Criador. Diante de seu ato, só lhe resta admitir a culpa, o que é algo mais nobre do que se esconder, mas que tem consequências idênticas, já que oblitera sua potência autônoma e afirma sua incapacidade de discernir. Do que ele não se dá conta é de que existe outra possibilidade: a de que esteja enfrentando um "Momento de Fazer para Deus". Sua Alma, no entanto, está fantasmagoricamente atenta a esse fato.

Esse verso dos Salmos expressa que há momentos em que temos que "Fazer por Deus". Nessas ocasiões, o verso completa: "revoguem Sua Lei." Há situações evolutivas em que o ser humano tem a capacidade não apenas de agradar seu Criador e produzir juízos sobre certo e errado, mas que sabe fazer pelo Criador, rompendo com algo estabelecido, oferecendo mais do que respostas, ou seja, novos enunciados. Nesse momento, o ser humano se descola do discernimento do "bem" e do "mal" sob a vigilância de seus interesses para atender a um olhar externo: ele executa por Deus, assumindo para si a potência correspondente a tal façanha. Ora, o que é fazer por Deus senão um ato de dimensões divinas? Nesse momento, o ser humano produz algo único, da mesma essência do que é divino. Adão não consegue entender que não havia pecado porque não se tratava de um "Momento da Vontade de Deus", mas de "Fazer por Deus".

Isso fica evidenciado num comentário ficcional (um *Midrash*) que engendra a cena do encontro de Adão com seu filho Caim. O encontro ocorre anos depois de este ter assassinado seu irmão Abel. Caim está com boa aparência e parece contente. Adão se surpreende, pois esperaria encontrá-lo remordido em arrependimentos. Caim logo elucida a questão a Adão, explicando que o Criador lhe ensinara fazer uso de um recurso, o remorso, e que este artifício (*tshuva*) lhe permitiu experimentar um sentimento de redenção e alívio. Adão fica maravilhado com tal revelação.

Ele não conhecia tal conceito e de imediato pensou em aplicá-lo a si e à sua condição – a de ter desrespeitado o veto ao fruto proibido. Tentou empregar o conceito, se esforçou, mas não conseguiu nenhum resultado. O remorso não lhe servia porque ele, na verdade, não estava arrependido. Adão não fizera algo que não queria fazer e que teria reformado, pudesse ele voltar no tempo. Ele não havia feito nada de errado; tinha, isso sim, feito algo na condição de emancipado. Único e, portanto, só, Adão não estava diante do mero discernimento entre "certo" e "errado", mas do alargamento do pensamento. Ali, no lugar onde experimentava um "Momento de Fazer para Deus", deveria ter permanecido. Ele avança e regride, ou seja, age com maturidade e reage com imaturidade, faz como único e se preocupa em ser especial. Falta a Adão a maestria, a musculatura de pensamento para ficar à altura de sua audácia. Ele falseia e fica atormentado por suas inclinações visíveis diante do próprio olhar.

Os medos não serão dissipados com racionalizações. Elas são apenas folhas de parreira e, pela lei da reflexão, quanto mais escondidos e quanto mais vestidos, mais pelados ficamos diante de nossa consciência. A plasticidade é a propriedade versátil e ajustável que se apresenta como opção a corromper a verdade e a realidade por meio de justificativas fabricadas para proteger o "eu". Através dela, não é a realidade que se acomoda à ação, mas é o "eu" que se revela a si mesmo como maleável, mostrando-se capaz de incorporar outras formas. Sem plasticidade só nos restará remendar a realidade – um ato arriscado.

Para desmontar medos precisamos redefinir as fronteiras do "eu", assim como precisamos de uma plasticidade na direção contrária da rigidez que tenciona as fibras de nossa identidade. Para Adão, só pareceu haver uma única saída a fim de evitar a inclinação e categoricamente tomar partido de seus interesses, delegando a eles a representação de sua própria identidade. Essa seria a única escolha, não dispusesse ele de uma esposa que fosse "ajuda-contra-si". E tal escolha seria um truque que não lhe renderia maior consciência. Ao invés de despertá-lo mais para si e produzir um senso de existência maior, isso faria desbotar e empalidecer sua presença. Quanto mais medo, mais evanescente é o estado consciente por que rejeitamos a "esposa" e tudo aquilo que possa fazer oposição à nossa entidade. A vergonha é a Alma porque, não sendo capaz de prover a necessária qualidade plástica que a ocasião demanda, Adão a materializa como algo que é provisoriamente contra ele. Essa prova imaterial de sua existência é uma pendência. Ocultar-se é um truque, mas também um gesto que preserva a grandeza da plasticidade em estado latente.

Desmontar nossos medos depende da capacidade de entender que, em muitas das questões importantes de nossas vidas, a vergonha não representou uma sentença passível de punição, mas uma virtual potência para a expansão de nossa consciência. Sua resistência à identidade e sua insatisfação e dissabor diante da própria imagem materializam a entidade que, em nós, nos espreita com juízos e questionamentos. Como parte de nós, formados por reflexões do outro e do exterior, os tais "medos-vergonha" são um manancial de extrema riqueza. São poços de petróleo, pujantes em energia, apesar de ser compostos por material em decomposição. As vergonhas são lutos plenos de nascimento. Para enxergar isso é preciso ter um pensamento ampliado.

# DESARMANDO NEGAÇÕES – REVERSIBILIDADE

O outro aspecto da "ajuda-contra" é o da esfera das negações. Ao bancar sua mentira, negando ser o agente da ação, Adão se dá conta de que sua identidade ficou irremediavelmente atrelada a essa ação. A irreversibilidade de um ato é a cobrança mais partidária que pode haver. Alguém absorvido em uma mentalidade proselitista, alguém adepto da defesa de uma ideia ou identidade, tal pessoa temerá a crítica, como se esta pudesse colocar em andamento uma sucessão de eventos e instaurar o fim de uma gigantesca estrutura. Em reverência a algo maior que parece estar em jogo, o inclinado se enterrará ainda mais na ideia de que não há outra saída, outro caminho, a não ser embrenhar-se em sua negação.

O Ishbitser Rebbe traduz as negações como sendo as "arcas", os espaços seguros que precisamos construir em momentos de instabilidade e intimidação. Num estudo sobre as instruções dadas a Noé para a construção de sua arca, o comentarista traça um paralelo com a estrutura de couraças que a mente humana desenvolve. Alguns sentimentos humanos são igualmente necessários e tóxicos, e, como não é possível prescindir deles, nosso pensamento buscou isolar seus aspectos mais insalubres através de processos de crítica e inteligência. Daí o pensamento humano se utilizar da negação, de suas pequenas arcas — as naves que lhe permitem singrar por turbulências. Esses sentimentos tóxicos são a raiva, o medo e o ressentimento.

Tais sentimentos constituem o tripé básico da defesa de um ser humano. Para proteger a vida, precisamos da agressividade da raiva, da agilidade do medo e do ardil da memória a fim de prevenir ataques à nossa pessoa. Traduzir a importância desses comandos, no contexto de um pensamento que ensaia fazer uso de sua projeção sobre o mundo, expandindo-se para fora de si através do modelo de pensar-falar-agir, é um grande desafio. Toda raiva, medo e ressentimento expulsam o outro e a exterioridade do nosso campo de interesse. Elevar o outro à condição de igual, a quem devemos amar como a nós mesmos, como uma forma de atender a nossos interesses de maneira redobrada, essa é uma pretensão que demanda enorme sofisticação. Imaginar que usufruirei de maior justiça se eu a estender ao outro, mais do que tentar direcioná-la exclusivamente para mim, é um esforço evolutivo. Mas é só fazendo uso desse tipo de postulação intelectual que o pensamento humano logra conter e amainar a raiva, o medo e o ressentimento.

O pensamento ampliado sabe que a raiva e a indignação são reações importantes para lidar com algo que nos pareça errado, seja para conosco, seja para com os outros. No entanto, em função de processos orgânicos e hormonais, a raiva pode assumir características de ódio. O ódio não favorece a sobrevivência, pelo contrário: dominados pelo ódio, somos capazes de atos de grande insensatez. Com o ódio, podemos tomar decisões equivocadas e tratar com inadequação tanto amigos quanto inimigos. Conter o ódio é uma tarefa para essa "ajuda-contra", que, em boa parte dos casos, prospera pelas negações. No paralelo traçado com a arca de Noé, Ishbitser Rebbe diz que a embarcação deve ser feita com madeira especial, capaz de impermeabilizar sua superfície. Segundo ele, em alguma medida, todos precisam desenvolver invólucros para isolar sentimentos com teor tóxico e permitir o armazenamento de material potencialmente lesivo em local seguro.

O mesmo vale para o medo. Ishbitser Rebbe diz que a instrução para que a arca seja feita com vários compartimentos oferece uma pista de como se deve lidar com o medo. Não temos como confrontá-lo, daí a necessidade de criar compartimentos a fim de armazená-lo. Como uma nave precisa selar compartimentos inundados para preservar sua flutuação, devemos vedar com eficiência as cabines de nosso ser já submersas pelo temor. O pensamento ampliado não permite que o medo alague toda a existência porque reconhece nele a força para criar perigos ilusórios, inseguranças que se alastram rapidamente, afetando toda a estrutura. O medo nos paralisa e nos retira a sobriedade. Fazendo uma comparação: quando precisamos de álcool, drogas ou soníferos, em alguma medida estabelecemos "negações" que podem ter alto custo, mas que funcionam como medidas de contingência. Em geral, as negações que nos fazem cegos a determinado assunto ou situação têm a mesma característica, mas foram recursos para fechar comportas e encerrar áreas com as quais não temos como nos defrontar. Esses compartimentos cerrados farão falta na tentativa de lastrear a vida e a realidade, e estaremos mais ébrios comprometendo nossa sobriedade. Drená-los é tarefa urgente.

Por último, os ressentimentos são tratados pelo Isbitser Rebbe como o piche com o qual Noé é instruído a lacrar as fendas e fissuras da arca. Nada nos faz mais insulares do que nossas mágoas. Elas são capazes de produzir o escuro do piche, vedando plenamente o acesso à luz. Em momentos de desafio e vulnerabilidade, não podemos estar voltados para o passado. São as ondas que se aproximam que devem ser o foco da atenção. Não podemos ficar fundeados em memórias e sentimentos dolorosos, e nossos ressentimentos nos fazem buscar o "piche", a negação que bloqueia seu efeito maléfico. Como nos outros casos, a negação tem sua função, mas é um fator inebriante e nos retira nitidez existencial. Os ressentimentos a serem apaziguados também serão material imaterial de nossa Alma.

As negações são os nossos *beirurim*, esclarecimentos, as áreas da vida onde teremos que destampar vivências antigas. Essa elucidação dá mais nitidez à transparência da Alma. Diferentemente de um corpo que ganha tangibilidade na reflexão da luz, a Alma se fará mais definida na qualidade e na pureza de sua transparência. Ela se reforça no desmontar das negações e das inúmeras caixas e compartimentos criados para impedir a comunicabilidade e o acesso a determinadas questões. A Alma é o espírito dessas questões e nos permite saber o quanto de nossa identidade está contido nelas. Ela é o espectro de consciência, sua sombra e assombro, como um manancial para *desadormecer*. É ela a *anima* que anima de prospectos o "eu", que o amplia para além de si. Assim ela torna as coisas reversíveis. Adão teria conseguido imaginar que o ato de desobedecer era reversível se tivesse acolhido a responsabilidade pelo que fizera. Se pudesse acolher a crítica a si sem perder sua reflexão, sem entabular uma cadeia de medos e sua negação que o ameaçavam desaparecer, teria revertido tudo a um lugar legítimo. Desse lugar, teria diálogo com o Criador-Realidade e, mesmo que não estivesse fazendo Sua vontade, estaria Fazendo por Ele. Assim é com Deus, assim é com os pais, os mestres ou com qualquer instância que esteja interessada em nos outorgar soberania e emancipação.

# (Q)(D)UALIDADE – O DESIGN SIMPLES

Vamos abordar um último aspecto da "ajuda-contra" que compõe a consciência humana. Esse elemento imaterial – a esposa amada na representação da Alma – é o contraponto que sustenta a identidade de um ser humano. Vimos que a consciência de si mesmo por efeitos de reflexão possui uma porção de materialidade e outra de imaterialidade. Sem a porção da Alma que ofereça resistência à porção material, as inclinações ganham campo – com seu vazio e sua sombra, a Alma obstrui e é a alavanca para que uma pessoa possa se desinclinar. Sua oposição e objeção propiciam a indispensável pressão para a elevação e evolução humana. Quanto mais a lucidez humana produz discernimento, mais clarividência armazena em consciência. Sempre que essa lucidez extrapolar a capacidade do pensamento em absorvê-la, seja por uma intensidade que está além de sua força, seja pela ameaça à integridade de sua identidade, esse refugo de luz se depositará na Alma. Nela se acomoda toda a luz periférica e imaterial de uma consciência. Proporcionais à grandeza desse patrimônio serão a envergadura e o potencial de expansão da consciência. Nossos limites, fraquezas, bloqueios, embaraços, complicações, impasses, vacilações, obsessões e vícios, todos são estoques do manancial de crescimento de um indivíduo. Tudo o que nesse indivíduo for do "contra" e puder ser convertido em "ajuda", eis aí o que descortina a imensa reserva que a imaterialidade de seu ser dispõe.

O aspecto a tratar nesta seção, o do Design Simples, corresponde à unicidade deste casal: Adão e a *ajuda-contra-ele*, isto é, a materialidade e sua correspondente imaterialidade. A indivisibilidade dessa consciência entre corpo e Alma produz um efeito paradoxal, que permite ao humano reconhecer-se como "imagem e semelhança" do próprio Criador. Tal espelhamento, vivido na duplicidade de nossa consciência e, ao mesmo tempo, em sua indivisibilidade e unicidade, nos faz ter, ao mesmo tempo, uma parte animal e uma parte divina. Nossa humanidade é a mediatriz desta tensão: quando estamos divididos, somos um animal em potencial; quando unidos por um pensamento ampliado, transcendemos nosso corpo, ganhando semelhança com o Supremo Imaterial, com Aquele que dá contexto a todas as formas, a todas as concepções e a todas as narrativas. Uma passagem estudada do *Livro dos Provérbios* pelo Ishbitser Rebbe nos oferece uma moldura interessante para isso (30:18-19): "Estas três coisas me maravilham; e a quarta eu admito não conhecer: o caminho da águia no ar; o caminho da cobra na penha; o caminho do navio no meio do mar; e o caminho de um varão em sua donzela."

Três dimensões assombram o sábio rei Salomão, autor do *Livro dos Provérbios*, e uma lhe é um mistério ainda maior. De fato, os três exemplos apresentados seguem um padrão recorrente. A águia sobreposta sobre a infinidade do céu é uma parte distinta do todo. Como se aplicado ao fundo, que é o conjunto do mundo, o voar da águia rasga a concretude da solidão da totalidade indiferenciada. Já a cobra, enroscada na moldura monocromática do deserto, conjuga o ser animado com o inorgânico e o inconsciente. Empoeirada pela realidade circundante, a cobra camufla na areia do chão o elemento vital de sua pulsação. Da mesma forma, também a nau singra os mares fazendo-se um dissonante ponto que difere da imensidão. Águia, cobra e barco representam a perturbação sobre o indistinguível, sobre o extenso ermo, sobre o inteiro inerte.

Esse singelo ponto sobreposto ao todo é o milagre da vida, aludindo a essa animação autômata que rasga a paisagem da existência. Mas há algo que vai muito além do fascínio que a vida provoca ao despontar, encravada na realidade adormecida e inconsciente. Há o mistério do "caminho do varão em sua donzela" (*derech Gever be-Alma*). Antes de tudo, temos aí uma curiosa coincidência: o termo utilizado para representar esse personagem feminino é a intrigante palavra hebraica *Alma*. "Alma", que literalmente quer dizer uma mulher solteira, uma virgem, aparece aqui como uma verdadeira esfinge, uma incógnita estelar ao sábio.

Mais incrível do que os outros três exemplos é, portanto, o caso do varão perdido em sua donzela. O texto poderia empregar outros termos para designar o masculino e o feminino, tal como homem e mulher, ou moça e moço – todos possuem semelhança entre si e podem ser equiparados. Aqui, porém, parece importante comunicar a tensão entre algo acoplado, visceralmente unido, como esse casal parece sugerir. Mas parece ser fundamental também apontar para uma distância abismal. Mais que o céu, que o deserto e que o mar, a "cônjuge" é o absoluto do imensurável. Ela muito provavelmente é a "Alma", não em hebraico, mas em português. É a tal moldura que expõe, a tal contraposição que ressalta e o tal fundo que destaca e faz tangível.

Para o Ishbitser Rebbe, a palavra *Alma* é derivada da raiz hebraica *Elem*, oculto, que por sua vez também é a raiz da palavra mundo – *Olam*. O mundo é oculto até que se possa distingui-lo do fundo inanimado com movimentos que cortam o silêncio e o cotidiano. Acordar para o mundo é distinguir, a partir de sua imensidão igual, a fantástica diversidade que o compõe. Isso está oculto na imaterialidade. Há mais imaterialidade do que o material que apalpamos. Em realidade, tudo o que nos parece real não passa de uma águia, uma cobra e uma nau mergulhadas no recôndito e no encoberto. É nesse plano, inerte aos olhos torpes, que estão encravados tanto o Criador como também a Alma – representações que vêm da própria imaterialidade soprando consciência ao corpo de um humano.

Os rabinos produzem uma versão intuitiva da lei da *negentropia*, que é a capacidade de gerar ordem, propagar informação e estruturar, a partir daí, mais ordem. Diferentemente de todo o fundo do universo, que tende para o desgaste e a desintegração, para a constante desorganização, a consciência se contrapõe como um elemento integrador e renovador. Nosso pensamento ampliado e nossa criatividade são manifestações reais de antítese às leis materiais.

Essa Alma que é ambos – matriz e partícula de "material oculto" – é a luz que promove a prudência humana e que possui uma propriedade de potência inversa. Assim como tudo do mundo entrópico e material se dissipa com a distância e com o encobrimento, para a Alma é o inverso. Diz a lei do quadrado inverso da luz que sua intensidade diminui de acordo com o quadrado da distância da fonte que a emite. A Alma, esse pedaço de oculto, se torna mais intensa quanto mais escondida estiver. Quanto maiores as profundezas de nossas questões mal resolvidas, quanto mais movediças forem as sutilezas que as envolvem, e quão mais transparentes forem as essências, maior potência terá a Alma.

Sua principal característica é conseguir integrar o fundo e o objeto, promover a colagem de cenários e personagens e tecer narrativas. Assim o intelecto humano formado de seu pensar-falar-ação não só detecta lógica e raciocínio, mas também sentido. E os sentidos são a junção da águia com o céu, da cobra com a pedra, da nau com o mar e, num lugar ainda mais incrível, do corpo com sua alma. Inserido um no outro ou engolido um pelo o outro, há trajetória, há realce, há rumo e há avesso. A mesma dualidade que permite distinguir os trajetos e as narrativas só adquire qualidade e resolução quando conseguimos enxergar o simples, a unidade, em sua estampa. No design simples, está a graça que só o par, a dualidade, permite observar. Mas tudo é simplesmente um.

# 6

# REGIME REPUBLICANO E REGIME DEMOCRATA

Um regime é o detalhamento de ações que podem reconduzir a um lugar de equilíbrio e saúde. Para a perspectiva do que trata este livro, corresponderia a reverter inclinações, com o ser humano resgatando sua lucidez e consciência. A seguir, há uma lista reduzida dessas ações. Elas foram retiradas de apontamentos do *Pirkei Avot*, as Orientações Ancestrais – trata-se de um livro com cerca de 2 mil anos destinado a desenvolver o pensamento ampliado em sua forma escrita. Os capítulos e incisos não estão na ordem original por um critério temático. Leia e reflita como cada uma dessas cláusulas tem como propósito acionar a chave que reverte do lugar pequeno, do lugar da racionalização e da negação, partidário e faccioso, para o lugar amplo do justo e da verdade, do imparcial e do prudente, do "eu" e do "outro". Como dissemos, esse é um regime para o pensamento, evitando as obesidades das predisposições e preconceitos, assim como as inapetências reflexivas caracterizadas pela falta de senso crítico e alienação e pelas indigestões intelectuais próprias da intolerância e da doutrinação.

Esse regime é particularmente desenhado para os *beinoni*, para os intermediários, que qualificamos como os inclinados de tendência republicana ou democrata. Importante também ressaltar que o texto é prefaciado pela seguinte consideração: "Todo aquele que contenda com sua parte imaterial [sua ajuda-contra] (Isra-el) [e pensa ampliado], tem acesso ao *Olam Haba*, ao mundo da existência espiritual."

## CONSCIÊNCIA – ATITUDE

Agraciado é o ser humano, pois foi criado à imagem [do Criador], e é um carinho ainda maior o fato de fazê-lo ciente de que fora criado à Sua imagem. (3:14)

A troça e o cinismo levam à truculência: os valores resguardam a verdade; a verdade resguarda a prosperidade; a intenção resguarda a abstinência; e o silêncio resguarda a sabedoria. (3:15)

Na consciência, tudo se dá com garantia, e uma rede se estende sobre todos os seres vivos; a loja está aberta, o Proprietário dá crédito, a contabilidade funciona, há registro, e quem deseja tomar emprestado que venha e tome emprestado; os cobradores fazem suas rondas regularmente, todos os dias, e cobram do ser humano com ou sem o seu conhecimento, e eles têm em que se basear. (3:16)

Tudo está previsto, porém é concedida a liberdade de escolha; o mundo é julgado com prudência, e tudo acompanha o predomínio da benevolência. (3:15)

Diante da alma não há esquecimento, não há inclinação, não há corrupção, não há suborno; o que foi, foi. Não imagines, que a cova será um lugar de refúgio, pois, a despeito de tua vontade, tu és concebido, sem a tua anuência, tu nasces, sem a tua permissão, tu tens que viver e, sem tua licença, tu morres. E, à revelia, terás que prestar contas de toda a tua existência. (4:23)

## O CAMINHO

Sabe servir não apenas com o intuito de receberes uma recompensa, sabe servir por servir. (1:3)

Aponta para ti mestres; adquire amigos, e julga cada pessoa favoravelmente. (1:6)

Distancia-te de maus vizinhos, não colabores com arbitrariedades e não te desesperes diante da injustiça. (1:7)

Ama o trabalho; abomina os privilégios; e não te envolvas com o poder. (1:11)

Ama a paz, procura a paz, ama as criaturas e as aproxima do estudo. (1:12)

Aquele que persegue a fama perde sua reputação; aquele que não aumenta seus conhecimentos os diminui. (1:13)

Um ignorante não pode ser reverente; uma pessoa superficial não consegue ser meticulosa; o tímido não alcança aprender; o impaciente não consegue ensinar; alguém excessivamente ocupado com os negócios não se faz um erudito; e onde não há líderes esforça-te para liderar. (2:5)

Estabelece para ti um tempo fixo para o estudo; fala pouco e faz muito; e recebe toda pessoa com afabilidade. (2:15)

Minimiza tuas atividades comerciais e te ocupa com estudo; sê de espírito humilde diante de toda pessoa. (4:5)

## JULGAMENTO

Quando os litigantes estiverem à tua frente, considera-os ambos como possíveis culpados; mas, depois da sentença, considera-os ambos inocentes. (1:8)

Considera as questões com cuidado. Sê cauteloso com tuas palavras, pois, talvez por meio delas, tu aprendas a ouvir apenas o que queres ouvir. (1:9)

Não toma palavras por verdade para não te perderes em espertezas e provares de tua toxidade. (1:10)

Quem evita julgar os outros se livra da inveja, do roubo e do autoengano. (4:6)

## PODER

Não nos é dado entender nem o bem-estar dos perversos nem as tribulações dos justos. (4:13)

Cuidado com políticos, pois se passam por amigos quando estão é preocupados com seu próprio benefício; são amigos quando lhes convêm, mas não estão contigo na hora de necessidade. (2:3)

Submete-te espontaneamente a um superior, não desdenhes de uma pessoa mais jovem e recebe todas as pessoas com alegria. (3:12)

## AUTOESTIMA

Não desejes a mesa dos reis, pois tua mesa é maior que a deles. (6:5)

Não procures a grandeza para ti, nem cobices a honra; e que teus atos excedam teus estudos. (6:4)

Rejubila na intuição do coração, na reverência, na modéstia, na pureza, no auxílio aos sábios, no estreito vínculo com os colegas, no debate com os alunos e na sobriedade. (6:5)

Reduz as complicações com negócios, sexo, prazer, exaustão, tolice e fofoca; tende paciência, compaixão, confiança, pertinência, acolhimento e humildade. Sente-te amado e ama a justiça, evitando honrarias e sendo capaz de ir para além do literal e do aparente com senso crítico. (6:6)

Estima os caminhos da retidão, amando a repreensão [crítica], não sendo arrogante por teu próprio conhecimento, compartilhando o fardo de teu próximo, julgando-o favoravelmente, colocando-o no caminho da verdade e da paz. (6:5)

## AÇÃO

Sê cuidadoso com o detalhe como és com coisas relevantes. (1:8)

Se eu não for por mim, quem será por mim? E se sou apenas para mim, o que sou eu? E, se não agora, quando? (1:14)

Qual é o caminho certo? Aquele que honra a ambos, a si e ao outro. (2:1)

Se agires, pesa os custos para ti em relação aos ganhos para o outro; se decidires não agir, pesa os benefícios para ti em relação aos custos para o outro. (2:1)

Considera três aspectos e reduzirás teus deslizes: sabe que acima de ti estão: um Olho vigilante e um Ouvido atento, e que todas as ações são registradas. (2:1)

Toda teoria que não seja mesclada com experiência conduzirá ao equívoco. (2:2)


## CUIDADOS

Que a honra do próximo te seja tão cara como se fosse a tua própria; e não te enfureças com facilidade. (2:12)

Que o dinheiro do próximo te seja tão caro quanto o teu próprio. (2:14)

Não aplaques o enraivecido no momento de sua ira; não consoles o enlutado enquanto seu morto jaz diante dele; não questiones as motivações de promessa já feita; e não tentes olhar alguém cuja vergonha ainda pesa. (4:15)

## EXISTENCIAL – TEMPORAL

Aos cinco anos de idade – o estudo; aos dez – a interpretação; aos treze – a responsabilidade; aos dezoito – a sexualidade; aos vinte – o sustento; aos trinta – a força plena; aos quarenta – a compreensão; aos cinquenta – o dom do conselho; aos sessenta – a maturidade; aos setenta – a senioridade; aos oitenta – a distinção do vigor; aos noventa – o corpo se enruga; aos cem – a experiência de desaparecimento deste mundo. (5:20)

O tempo passa, o trabalho é abundante, os operários são preguiçosos, o retorno é alto e o Chefe é exigente. (2:17)

Não te é exigido que completes a tarefa, mas também tu não és livre para te evadires dela.

Este mundo é como uma antecâmara do Mundo Vindouro; prepara-te na antecâmara para que possas adentrar no salão principal. (4:14)

No momento em que o ser humano abandona este mundo, não o acompanharão nem a prata nem o ouro, nem as pedras preciosas, nem as pérolas, mas somente, tão somente, o seu pensar ampliado e suas prudências. (6:9)

Aqueles que nascem estão destinados a morrer; aqueles que estão mortos estão destinados a voltar a viver. (4:22)

## SABER

Todo aquele que negligenciar sua sabedoria (prudência) fará com que sofra sua alma. (3:8)

Vivi entre sábios e não encontrei nada que fosse melhor que o silêncio; não é o estudo que é o principal, e sim a prática; e todo aquele que fala demais favorece o equívoco. (2:17)

Saiba de onde vieste, para onde vais, e perante a quem prestarás juízo. (3:1)

Todo aquele cuja preocupação com o outro precede sua sabedoria, sua sabedoria perdurará; mas todo aquele cuja sabedoria precede sua preocupação com o outro, sua sabedoria não perdurará. (3:9)

Todo aquele cuja generosidade exceda sua sabedoria, sua sabedoria perdurará; mas todo aquele cuja sabedoria exceda sua generosidade, sua sabedoria não perdurará. (3:10)

Aquele que estuda com o intuito de ensinar obterá a oportunidade de estudar e de ensinar, e aquele que estuda com o intuito de praticar o estudo obterá a oportunidade de estudar e de ensinar, de observar e de praticar. (4:4)

## TRANSPESSOAL

Quem é sábio? Aquele que aprende com todos. Quem é forte? Aquele que subjuga sua inclinação. Quem é rico? Aquele que aceita o que é. Quem é respeitado? Quem respeita os outros. (4:1)

Não desprezes ninguém e não desdenhes de nada, pois não há homem que não tenha a sua hora e não há coisa que não tenha o seu lugar. (4:3)

Sem o sagrado, não há o mundano, e, sem o mundano, não há o sagrado. Sem sabedoria, não há deslumbramento, e, sem deslumbramento, não há sabedoria. Sem percepção, não há compreensão e, sem compreensão, não há percepção. Sem sustento, não há intelecto e, sem intelecto, não há sustento. (3:7)

## AUTORIDADE

A mente ampliada outorga soberania, autoridade e juízo crítico. Ela educa ao recato, à paciência e a perdoar quando se é insultado. (6:1)

Guarda a autoridade, pois, se não fosse pelo temor a ela, os homens se engoliriam vivos uns aos outros. (3:2)

Que a honra de teu aluno seja tão preciosa para ti quanto a tua própria, e que a honra de teu colega seja como a tua reverência por teu mestre, e que a reverência por teu mestre seja como o temor aos Céus. (4:12)

Antecipa-te em saudar toda pessoa, prefere ser a cauda de um leão à cabeça de uma raposa. (4:1)

## ETIQUETA – EDUCAÇÃO

A inveja, a ganância e a busca de honrarias arrebatam o homem do mundo. (4: 21)

Não olhes a vasilha, e sim o que ela contém; pode haver uma vasilha nova cheia de vinho velho, ou uma vasilha velha na qual sequer haja [vinho] novo dentro dela. (4:20)

Trata de viver num lugar onde se estuda e nunca assumas que podes estudar sozinho. A sabedoria advém do esforço compartilhado. (4:17)

Regras que regem o sábio: não fales diante de quem te supera em sabedoria ou em anos; não interrompas as palavras de teu próximo; não te apresses em responder; pergunta o que é relevante ao tema em questão e responde objetivamente; responde ao primeiro assunto primeiro e ao último por último; com relação ao que não escutou, ele diz "não escutei"; e reconhece a verdade. (5:7)

Delibera meticulosamente em teu estudo, perguntando e respondendo, escutando e somando informações ao estudo, aprendendo para ensinar e praticar, aumentando a sabedoria de teu mestre, ponderando adequadamente o sentido do que aprendes. (6:8)

## AMOR E DISPUTAS

Todo amor é circunstancial a um motivo – quando tal motivo desaparece, o amor cessa; mas, se não é condicionado a um motivo, nunca cessará. (5:16)

Não te alegres quando teu inimigo cair, e em seu tropeço não permitas que teu coração se exalte. (4:19)

Toda controvérsia que for por amor à verdade terá um resultado duradouro; e aquela que não é pelo amor à verdade, não terá um resultado duradouro. (5:17)

Se tu influencias as pessoas para o bem, não precisas temer o resultado. Se tu influencias para a violência, tu mesmo não escaparás à violência. (5:18)

A mente ampliada tem três características, e a apequenada também. A ampliada: bom olhar, espírito humilde e alma dócil; a apequenada: mau-olhado, espírito arrogante e alma ambiciosa. Os últimos tentam sem sucesso comer os frutos deste mundo; os primeiros comem e se comprazem dos frutos deste mundo e os herdam para o Mundo Vindouro. (5:19)

# 7

# A DERRADEIRA CONSCIÊNCIA – OS HEMISFÉRIOS DA ALMA

## SABER QUE "NÃO SABE"
(HEMISFÉRIO ESQUERDO-ANÍMICO)

## NÃO SABER QUE "NÃO SABE"
(HEMISFÉRIO DIREITO-DIVINO)

Fizemos uma peculiar análise de personalidades anímicas, revelando que elas, essas Almas que nos pertencem, são efeitos da consciência e de sua dimensão política. Para aqueles que acham que, com isso, estou dizendo que a Alma é uma miragem, aviso que não me compreenderam. Ela é apenas de natureza imaterial, detendo a mesma relevância e identidade que o nosso corpo. Isso porque a consciência é uma narrativa que dependerá não só do texto, mas do contexto. Tão real é essa relação, que a psicologia cunhou o termo "inconsciente" para colocar no mapa este mar por onde singra o barquinho de nossa gnose.

E, quando dizemos que ela é "imaterial", isso não significa que inexista, mas que desejamos representar apenas uma ausência; longe de ser irreal, a Alma é apenas um eclipse. Para a consciência, isso se refere a tudo que "não sei", à minha *in-consciência*. Não se trata, portanto, do "não saber", típico da ignorância, mas da própria cognição daquilo que não se sabe. E a Alma é composta justamente deste material "que sabemos que não sabemos". Ela é o refugo daquilo que não cabe em nosso interesse e em nossa narrativa. Vamos guardando nela, nessa entidade imaterial pela qual temos um sentimento paradoxal de alteridade e de pessoalidade, esse refugo. A alteridade advém do fato de que a Alma não está encaixada em nossa narrativa (corpo), mas também porque funciona como o reflexo do que os outros nos oferecem. Para uma segunda pessoa, fica muito mais fácil apontar narrativas fora de nossa narrativa. Ou seja, o outro nos olha muitas vezes com maior objetividade porque não tem que passar por nossas inclinações. É verdade que passa pelas *suas* inclinações, mas não terá qualquer compromisso com o nosso partidarismo. Esse material também se estoca na Alma. Ela é feita, então, de uma parte inseparável de mim e de outra parte, alheia a mim; é misto de presença e estranhamento. Sem ela não há "eu", não há pele e fronteira para tornar possível a experiência pessoal.

O que "sei que não sei" é o que escondi de mim, aquilo que "não quero saber", mas que de alguma forma eu sei. E também é tudo o que rejeito da opinião ou visão do outro pelo simples fato de que não quero aceitar, de que não atende a meus interesses, porém, mesmo nessa manipulação, adquiro ciência. Essa imaterialidade é um testemunho com profundas implicações. Ela aponta a entidade potencial da Alma que nos ronda e urge, e que mistificamos por seu valor transcendente. Essa entidade, que também é parte de nossa essência, viabiliza o casamento de duas metades.

O patrimônio daquilo que "não sabemos" configura uma valência incubada, capaz de nos ampliar e suplantar. Ele aponta caminhos para superar o "eu" e também sua narrativa por via do olhar externo, mesmo sob a ameaça e a suspeição que a perspectiva do outro representa. No entanto, ao virar a chave para pensar amplo, a desconfiança e a intimidação que o outro nos causa se revertem em sentimento de amplitude e graça.

Essa característica da Alma Animal é singular porque contém algo mundano e algo castiço. Há nela o encardido do corpo, que, ao viver roça no pó tão típico do profano e do terreno, e há nela um potencial pleno de limpidez e virtude, algo típico do frescor e da virgindade de uma aptidão latente. Esses vestígios do sujo e do alvo de cada um são o vínculo maior entre os aspectos animal e sagrado de nossa entidade. A Alma é o testemunho terreno da existência de esferas divinas e se constitui a partir do olhar desperto de uma consciência durante a vida. Testemunha tanto a parcialidade, a precariedade e o ridículo de nosso olhar quanto a verdade, a precisão e a nobreza do mesmo. Costurada de pequenez e grandeza, ela nos representa.

Como um hemisfério esquerdo racional e analítico da existência, a Alma Animal faz sentido, nos organiza e identifica. Ela representa certa lógica acerca de quem somos ou de quem temos sido durante nossa existência e estará referida temporalmente entre a vida e a morte. Terá, portanto, características de fantasma – do que foi e do que será, do que é impermanente e do que é perene. Essa é a mesma

Alma que sonha, que se levanta de nosso corpo quando estamos dormindo e faz seus passeios noturnos, percorrendo tudo o que não foi resolvido e todas as latências que reverberam em nós. Estas, em função de nossas inclinações, são as que não faremos e/ou não seremos. Seus pesadelos são típicos de fantasmas e suas quimeras, típicas de fadas. Os fantasmas apontam o apodrecido e decomposto das inverdades e negações de nossa trajetória, e as fadas indicam os bons destinos repletos de farturas e possibilidades que se iluminam pela consciência. Nós os interpretamos pela Alma, esse desvio de nossa narrativa que dá ângulo a reviravoltas e curvas (*tshuva*) e que permite rever e renovar projetos e aspirações. O sonho revisita tudo que sabemos que "não sabemos".

A Alma é a evidência de que o sonho não começa no sonho e não termina no seu fim, e que interpretar é preciso. Não só o sonho demanda interpretação, mas viver igualmente demanda. A Alma é a interpretação do corpo.

## HEMISFÉRIO DIREITO-DIVINO – NÃO SABER QUE NÃO SABE

Mencionada anteriormente como a parte da Alma que não abordaríamos, a tal Alma Divina é um encaixe, uma moldura à própria consciência. Ela ganha contorno não só pela percepção do que em nós está desacordado e vegetativo, mas pelo delineamento de uma fronteira entre o que somos e o que não somos. É como se a Alma Animal tivesse despertado pela alteridade, pelo "outro" que autenticou o "eu", e a Alma Divina, por sua vez, se manifestasse através da transparência do "eu", que permite o reaparecer do "Outro" absoluto, do pano de fundo de nossa presença. Sombras e vultos na consciência preenchem pontos que delineiam a faculdade de ver o que não sei que "não sei". Como se uma intuição nos levasse a contemplar por trás dos enunciados e a criar desconfiança com relação a todas as assertivas que derivem de lucidez sem interpretação. Desenvolvemos assim um receio em relação a qualquer certeza, suspeitando, com ironia, de que nada apreendido pela consciência consegue escapar da influência das inclinações.

Assim é que o ser humano descobre o pensamento que está para além da linguística e que independe da coerência da relação tempo-espaço para se verificar. Trata-se de um pensamento que automaticamente se contrapõe a si mesmo e que desperta sem ter que acordar um sujeito manifesto, um "eu", sem ter que ativar uma separação entre o que pensa e o mundo.

Quase como uma rejeição à consciência, uma pós-consciência ou uma metaconsciência, o "não saber" permite notar outro fantasma, não o de si, mas o do Outro. Esse pressentimento é oriundo de consciência, e não de obscuridade. Por isso, permite o reingresso no paraíso perdido da ingenuidade não pela porta dos fundos (por onde foi expulso), mas pela porta principal, da frente; não pela via serpentina da manha e da lábia, mas por retidão idônea e desinclinada. Trata-se de um contemplar menos reflexivo, que depende menos das reflexões de imagens, de dualidades e de outros truques de espelho para discernir. Porque a cada reflexo há distorções e desvios que defletem o objeto para, pouco a pouco, fazer caber o nosso ser com sua identidade e existência distintas, separadas.

São essas aproximações intencionadas que vão criando na reflexão o ilusionismo da parte, apartando e dando notoriedade à sensação de si mesmo. As aproximações, que por via de atalho e fraude vão criando parcialidades e interesses, gerando prestígio e predominância a si, realçam o fragmento em detrimento do todo. As parcialidades criam a parte em plano destacado do fundo e são as matrizes da identidade. Porém, nunca deixamos de ter noção e visão periférica do Todo.

Essa permanente percepção de um "des-saber" válido, do reconhecimento de "não saber que não sabe", demanda mais do que crítica. É necessário sarcasmo, algo que tem a ver com não levar-se tão a sério, para romper a barreira partidária e resgatar a sensibilidade que discerne o Todo. Não levar-se a sério requer alegria, e, para a mística judaica, a alegria é a prova dos nove da Inteligência. O humor, por sua irreverência, é o único elemento que, de forma mordaz, afeta a consciência, desconstruindo a miragem sólida do "eu" e de suas inclinações e realçando o pano de fundo da existência. E é importante frisar: não se trata da alegria que vem por via do prazer, mas por via do estudo e do louvar.

E aqui entra minha última imagem para evitar entrar em *looping* por falta de linguagem: o hemisfério esquerdo da Alma, a Alma Anímica, estuda; o hemisfério direito da Alma, a Alma Divina, louva. A história a seguir pode nos ajudar a ilustrar isso:

> Em certa cidade, um rabino teve um sonho recorrente – de que as almas iriam ressuscitar por um período de trinta minutos em tal dia e em tal hora. Devido à reincidência do sonho, ele decidiu compartilhar a informação com sua comunidade, como se fosse uma profecia. Impressionadas e em grande alvoroço, as famílias começaram a imaginar e programar como seria passar mais trinta minutos com seus entes queridos. Quão difícil era conceber uma agenda de meros trinta minutos para dar conta da saudade e de expectativas de toda ordem. Um almoço, uma reunião de família ou simplesmente abraços e carinhos? No dia e hora apontados pelo rabino, lá estavam todos, ansiosos, na porta do cemitério. Assim como aparecera no sonho do rabino, no exato momento indicado, as almas se levantaram de seus sepulcros e começaram a correr pela porta do cemitério, passando por seus entes sem notá-los e sem deixar escapar sequer um olhar de soslaio. Atônitos, todos correram atrás das almas entre incrédulos e curiosos para saber para onde iam. Elas seguiram todas até a Casa de Estudos e, retirando livros das prateleiras, estudaram vorazmente por trinta minutos. Ao término desse prazo, voltaram correndo a seus túmulos e retornaram a seu descanso eterno.

Nada nesse mundo tinha qualquer interesse ou relevância, a não ser o estudo. Não havia, para essas entidades, qualquer bem ou interesse discernível entre todos os deleites e delícias do mundo a não ser o estudo. A única urgência a atender era o "saber que não sabe". Essa era a única consciência e única carência.

A história fala das Almas Anímicas, o hemisfério esquerdo das almas, que, pela consciência de "saber que não sabem", agiram dessa forma e estudaram, buscando aperfeiçoamento. A Alma Divina, no entanto, devido à sua natureza, que atenta unicamente à questão de "não saber que não sabe", para ela nem sequer o estudo tem valia. O estudo tem por objetivo saber aquilo que não sabe, e esse lado da Alma tem por objetivo fixar-se no "não saber" que "não sabe". Essa é a porção mais artística e subjetiva da Alma, cujo único interesse é "louvar", ou seja, manifestar enaltecimento à própria grandeza. Fazendo de nós quase anjos, quase engolidos pelo pano de fundo e quase retornando à inexistência, esse aspecto de nós é o vínculo de nossa parte com o todo.

# EPÍLOGO

Nossa questão inicial girava em torno da constituição polar entre lenientes e rigorosos. Observamos que tanto aquele que é estrito quanto aquele que é leniente assim o são por inclinação. O rigoroso gostaria de apontar no leniente um aspecto mais desleixado, uma indolência com conotações de preguiça ou até mesmo de fraqueza. No entanto, o tolerante não é necessariamente um permissivo, muito provavelmente apenas alguém que é estrito em relação a outros valores para os quais o rigoroso é permissivo. Ou seja, ambos são seres brigando com suas inclinações. Sejam Democratas ou Republicanos, ambos são *beinonim*, ou seja, ambos são afetados por partidarismos – querem assegurar a si e ao mundo sua razão. Ambos carecem de imparcialidade, à espera de uma maior consciência de justeza. O auxílio de que necessitam virá de um estranho lugar de alteridade capaz de empalidecer sua própria existência. Isso ocorrerá em prol de mais nitidez em relação ao panorama onde estão inseridos.

O justo pondera, usando seus hemisférios cerebrais para refletir o outro. Com o outro, encontra uma "ajuda-contra-si", uma Alma que remodela o seu senso de si, o seu "eu". E esta nova parte de si, imaterial, se duplica, passando a ser a última fronteira da dualidade para o reencontro com uma união, com uma reunião, com a essência da Realidade. Essa dieta, esse preparo, é a saúde essencial do pensamento e da existência. Representa não um elixir para eternizar nossa matéria, mas para dispor-nos de uma nova "matrix", disponível apenas no nível do despertar da consciência humana. O Mundo Vindouro é o lugar imaterial, o sítio onde um humano pode se ver representado imaterialmente. Ao fazê-lo, o ser humano se descobre um ser político diferente.

Sua política não será mais de ordem animal, qual seja, não mais legitimará sua atuação pelo objetivo supremo de se preservar. Como artesão da Realidade buscando tecê-la para alcançar os efeitos desejados e manter e exercer o poder, o novo humano político deseja ampliar sua existência imaterial. Ele abomina tudo aquilo que distorce a Realidade e vê na vantagem e no privilégio aspectos regressivos e confinantes à preocupação material. A justeza, mais do que a parcialidade, é o que lhe oferece sentido. Torna-se algo fundamental a um ser que carrega uma consciência e para quem se descortinou uma existência paralela às grandezas divinas.

Partilhar do Mundo Vindouro neste mundo é dar um salto evolutivo, tal qual o contrato social que agregou à nossa identidade pessoal uma nova identidade social – é como se ganhássemos uma nova cidadania. A pólis da política era um senso de urbanidade, de civilidade, algo próprio de quem precisava se adequar a um novo cenário da existência. Não mais a natureza, mas o coletivo da cidade demandando uma nova educação e um regime que se impôs às condutas e ao pensamento para criar um novo físico, um novo corpo a ser talhado pela consciência.

Nosso mundo nos coloca diante de novas fronteiras, que demandarão também um novo corpo e um novo pensamento. Nossas inclinações nos conduziram até onde é possível ludibriar a Realidade. Daqui para frente, estaremos no coeficiente máximo de flexibilidade para torcê-la sem produzir uma quebra. Republicanos ou Democratas, esquerda ou direita, ambos são seres da pólis, criaturas antigas que não podem liderar uma cidadania planetária ou, mais ainda, transpessoal. Simbolizam o Regime que conheceu o "outro" e forjou contratos sociais, representando nossa primeira evolução a um estágio coletivo de consciência. O "outro", porém, fez melhor enxergar-se a si próprio. Assim chegamos no limiar de um novo despertar.

Um novo Regime está por surgir. Nele, por prudência, serão ampliados os debates internos; nele, crescerão as agendas imateriais e haverá uma mudança fundamental não na liderança, mas no eleitor. Poderá levar séculos ou milênios, mas nossos tempos dispõem de surpreendente capacidade de se compactar e se acelerar. Assim, poderemos ter avanços em eras de duração bastante reduzida. Com suas identidades mais próximas de suas Almas, esses habitantes-cidadãos do *Olam Haba* serão mais "eu sou eu porque eu sou eu", vendo, cada vez menos, a Realidade pela perspectiva de "eu sou eu porque você é você". Haverá então mais conversa, mas não será para advogar ou convencer o outro. Serão mais confabulações com a diversidade interna, com a aptidão de se afastar das próprias facções e arbitrariedades.

O pensamento-alma terá então menos propriedades reflexivas e se fará mais contemplativo. Haverá aspectos holográficos na identidade, e seu recurso não será baseado em poder, mas em conectividade. O pensamento será menos binário e dual, ganhando capacidade plástica e estocástica, suportando paradoxos e reversibilidades, almejando simplicidade e evolução.

Impressão e Acabamento:
BRASILFORM EDITORA E IND. GRÁFICA